디지털 경제를 쉽게 읽는 책

디지털 경제를 쉽게 읽는 책

초판 1쇄 발행 2022년 9월 1일

지은이 김효정 / **펴낸이** 배충현 / **펴낸곳** 갈라북스 / **출판등록** 2011년 9월 19일(제2015-000098호) / / **전화** (031)970-9102 **팩스** (031)970-9103 / **블로그** blog.naver.galabooks / **페이스북** www.facebook.com/bookgala / **이메일** galabooks@naver.com / ISBN 979-11-86518-57-1 (03320)

갈라북스는 다양한 생각과 정보가 담긴 여러분의 소중한 원고와 아이디어를 기다립니다.
– 출간 분야: 경제 · 경영/ 인문 · 사회 / 자기계발
– 원고 접수: galabooks@naver.com

디지털 경제를 쉽게 읽는 책

IT 필수 지식 · 핫 키워드 33

갈라북스

디지털 경제의 핵심을
이해하는 생활 지침서

세상은 빠르게 변해가고 있습니다. 사람들이 나이를 들어가면서 느끼는 시간의 흐름보다 더 빠르게 변하고 있는 이 세상은 디지털화로 더욱 편해지고 풍요로워졌습니다.

대신 그만큼 우리가 알아야 할 지식들도 늘어났습니다. 첨단 기술의 등장은 우리가 속한 사회의 경제와 산업, 그리고 문화를 변화시킵니다. 이러한 기술들이 우리 사회의 구조와 질서를 어떻게 바꾸는지 이해하기 위해서는 그 개념과 적용 사례를 아는 것이 필요합니다. 디지털 시대에서 살아남기 위해서 알아둬야 할 최소한의 IT 관련 지식을 습득해야 한다는 것입니다.

어쩌면 조금 피곤한 일일지도 모릅니다. 그렇지만 시대의 흐름에 뒤처져 사는 것 보다 그 속에 능동적으로 뛰어들고, 디지털화된 생활에 필요한 기술들을 활용하면서 주도적으로 자신의 삶을 설계하는 것도 나쁘지 않은 마음자세입니다.

자고 일어나면 새로운 기술과 서비스가 등장합니다. 디지털 네이티브 세대에게는 자연스러운 일상이지만 40~50대 이상으로 가면 낯설고 버겁게 느끼는 사람도 많을 것입니다. 디지털 경제의 한 축을 담당하는 최신 IT 트렌드 핵심 키워드를 정리한 이 책은 알아두면 좋은 생활 지침서가 될 것이라고 믿습니다. 또한 중고등학생들에게 디지털 경제 개념의 이해를 도와주는 참고서 역할까지 하면 좋겠습니다.

이러한 생각에서 필자는 책을 집필하기로 결심을 했습니다. 제법 오랜 시간 IT 산업 분야에서 전문가들과 이야기를 나누고 취재를 하면서 얻은 지식을 사람들과 나누고 싶었습니다.

디지털 경제 시대를 관통하는 핵심 키워드에 대해 가능한 쉽게 쓰려고 노력했고, 이 키워드가 우리의 생활에 어떤 영향을 주는지에 초점을 맞췄습니다. 단순한 용어 설명에 그치지 않고, 독자들에게 살아 움직이는 정보를 전달할 수 있도록 내용을 구성했습니다.

종이에 활자로 기록을 남기는 아날로그 '책'에 내용을 담았기에 정보 시의성에 대한 불일치가 걱정되기도 합니다. 책에 담은 내용 대부분이 새로운 정보가 시시각각 업데이트되는 키워드들이기 때문입니다. 그래서 최대한 핵심 개념을 이해하는 데 도움이 되는 근본적인 정보를 담는 데에도 신경을 썼습니다.

이 책을 읽는 독자들은 NFT, 암호화폐, 블록체인, 메타버스, 인공지능(AI), 디지털 전환(DX) 등 디지털 경제의 기반이 되는 주요 기술이 무엇인지 알게 될 것입니다. 또한 자율주행차, 도심항공교통(UAM), 가상인간, 플랫폼 비즈니스가 우리의 삶을 얼마만큼 변화시킬 것인지도 이해하게 될 것입니다.

자, 이제 그럼 디지털 경제를 이해하기 위한 첫 걸음을 떼어 볼까요.

PART **2** 빅테크의 시대, 세상은 어디로 달려가나

PART 3   디지털 경제 시대, 라이프IT

PART 4 조금 더 깊이 파보는 기술 트렌드

PART

1

디지털 경제 시대, 핫 키워드

NFT, 대체 그거 뭐하는 겁니까?

요즘 핫하다는 IT 키워드 중 사람들이 가장 많이 관심을 가지는 것은 NFT(Non-Fungible Token, 대체불가토큰)다. NFT는 대체 불가능한 토큰이란 뜻으로, 희소성을 갖는 디지털 자산을 대표하는 토큰(token)이다.

이렇듯 간단하게 NFT에 대해 정의를 했지만, '디지털 자산'이나 '토큰'처럼 그 뜻 자체를 이해하기가 쉽지 않다. 어쩔 수 없이 더 풀어서 설명할 수 밖에….

NFT는 블록체인에 저장된 일종의 데이터 단위다. 이 데이터는 고유하면서 상호 교환할 수 없는 토큰이다. 토큰은 암호화폐를 뜻하는 코인과 비슷한 개념이지만, 블록체인 시스템을 동작시키는 연료와 같이 활용되어 단순한 지불 수단 보다 더 넓은 의미와 기능을 제공한다.

NFT는 블록체인 기반 기술인데, 암호화폐와 결정적인 차이는 화폐(코인)가 아닌 가상세계의 '보증서'라고 보면 이해가 쉽다.

NFT는 영국의 저명한 『콜린스』(Collins) 사전이 2021년 올해의 단어로 선정했다. 한마디로 2021년에 전방위적으로 가장 큰 관심을 받은 키워드였다는 것이다. 경제, 사회, 문화적으로 가장 '힙'한 단어인 동시에, 다양한 분야에서 통용된 핵심 마케팅 이슈였다고 볼 수 있다. 물론 NFT에 대한 관심은 2022년 이후에도 지속될 것으로 기대된다.

콜린스 사전이 2021년 올해의 단어로 NFT를 선정한 주요 이유는 '금융과 인터넷의 융합을 고려했다'는 점이다. 여기서는 NFT가 블록체인에 등록된 고유 디지털 인증서로 예술작품이나 수집품 같은 자산의 소유권을 기록하는 데 사용된다고 정의했다.

디지털 자산의 소유권 증명

아직도 많은 사람들은 NFT 기반의 디지털 미술품이나 음원 등을 고가로 구입했을 때, 얼마든지 복제 미술품을 소유할 수 있고 다른 채널을 통해 음원을 들을 수 있는 등 가치가 없을 것이라고 평가하기도 한다.

디지털 파일과 같은 디지털 자산은 복사본을 너무나 쉽게 만들 수 있고, 복사본이라고 해도 원본과 다르지도 않다. 무한 증식이 가능하기에 누가 주인인지를 내세우는 것도 무의미하다. 그래서 나온 것이 NFT다. 한번 생성하면 삭제나 위조가 불가능한 블록체인 기술 특징을 활용해 동영상, 디지털이미지,

음원 등 디지털 자산의 소유권을 NFT가 증명해 준다는 것이다.

이러한 관점에서 좀 더 명확하게 NFT를 표현하자면, '디지털 자산의 소유권을 증명하는 기술로 일련번호를 부여한 단 하나의 파일'이라고 설명할 수 있다.

쉽게 말해 집이라는 부동산에 대한 등기권리증(집문서)이 바로 NFT라고 비유하면 된다. NFT는 주택 정보와 이전 소유주들의 핵심 정보 등 집문서의 디지털 버전으로, 특정 자산에 대한 디지털 정보를 담고 있어 이를 통해 해당 자산의 소유권을 인정받는 파일이다.

그렇지만 여전히 그 가치에 대한 논란은 해소되지 않는다. '누구나 볼 수 있고, 들을 수 있는 디지털 자산을 비싼 돈을 들여 소유권을 가지면 무엇을 하겠냐'라는 딜레마다.

여기서 개념의 전환이 필요하다. NFT로 확보하는 소유권은 특정 디지털 자산을 배타적으로 소유하는 기존의 개념과 다르다. 누구나 즐길 수 있는 디지털 자산의 소유권이 특정 유저에게 있다는 것을 증명해 주는 것으로, 어찌 보면 매우 낯선 개념의 소유권이라고 보면 된다.

다만 많은 사람이 공유하는 디지털 자산은 그 가치가 정비례해 올라가고, 그 소유권의 희소성도 상승해 NFT 가치는 상승하기에 소유권 가치도 상승하는 개념이다.

산업적인 관점에서 NFT를 보면 잠재력이 상당하다. NFT

가 유력한 올해의 단어 후보군이었던 메타버스를 제치고 선정된 것은, 메타버스 공간에서 NFT가 중요한 역할을 하기 때문이다.

메타버스가 그릇이라면, 그 그릇에 담기는 음식 자체이자 음식을 만들고 판매하는 모든 수단이 NFT다.

'현실과 연결된 가상의 공간'인 메타버스 안에 모인 사람들 간에 각종 거래가 NFT 기반으로 이뤄질 수 있기 때문이다.

금융과 인터넷 융합 비즈니스 모델

가상융합현실 공간인 메타버스는 현실 세계를 대체해 업무 및 비즈니스 공간, 그리고 친목 등 소통의 공간으로 뜨고 있다. 사람들이 직접 대면하지 않고서도 효과적인 커뮤니티를 형성하는 공간으로 자리매김하고 있는데, 이 메타버스는 디지털 자산이 유통되는 경제시스템 기반 위에서 운영된다. 그리고 이를 운영하는 데 필수적인 것이 다른 메타버스 이용자들과 자산을 거래할 수 있는 NFT다.

실제로 NFT는 2021년 한 해 동안 그 사용량이 무려 1만 1000퍼센트 이상 증가했다. 해외에서 NFT 디지털 미술품이 고가로 거래됐고, 국내에서도 유명 연예인이 그린 그림이나 음원이 NFT로 거래되기도 했다. 또 NFT 거래소가 등장하면서 디지털 자산의 내재가치를 인정받고, 실질적인 거래량도 크게 증가하고 있다.

물론 NFT는 고가 디지털 미술품을 거래하는 일부 부자들의 전유물은 아니다. NFT는 모든 사람들이 활용할 수 있는 '금융과 인터넷의 융합' 비즈니스 모델이기에 그 파급력이 더욱 크다. 예를 들어 NFT는 게임 산업에도 적용될 수 있다. NFT 기술을 적용한 MMORPG 게임 『미르4』의 경우, NFT를 활용해 게임 아이템을 사용자끼리 거래해 돈을 벌면서 게임을 즐길 수 있다. 이른바 P2E(플레이투언) 게임의 등장이다.

대표적인 국내 암호화폐 거래소 업비트는 2021년 NFT 베타 서비스를 오픈했다. 블록체인 기술을 통한 디지털 자산의 '정품 인증서' 역할을 하는 NFT로 디지털 자산 작품 경매와 거래를 하는 마켓을 만들어 화제가 됐으며, NFT 거래소는 계속 늘어날 것으로 기대된다.

과거 국민 SNS였지만 '한 물 갔다'는 평가를 받던 싸이월드도 NFT로 기사회생했다. 싸이월드는 사용자들이 메타버스 공간에서 물건을 구매하고 배송까지 신청할 수 있는 서비스로 진화하고 있다.

한글과컴퓨터와 싸이월드의 메타버스 합작법인이 세운 싸이월드 한컴타운에서는 싸이월드 아이템이나 한컴의 문서 템플릿 등을 NFT로 거래할 수 있는 서비스를 제공하는 등 NFT는 기업들의 미래 먹거리 수단으로 집중 조명을 받고 있다.

● 메타버스

우리가 살게 될 '제3의 시공간'

02

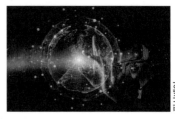
한국YTN이

　지금 자신의 현실에 만족하지 못하는 사람이라면, 다시 태어나거나 새로운 세상에서 인생을 다시 시작하는 상상을 해봤을 것이다. 환생처럼 불가능한 일을 꿈꾸기는 힘들다. 이민이나 유학 등의 방법도 있겠지만, 가장 현실적인 방법은 사이버 세상에서 제2의 삶을 꿈꾸는 것이 아닐까. 이를 가능하게 해주는 기술이 나왔다. 바로 메타버스(Metaverse)다.

　메타버스의 사전적 의미를 보자. 이것은 3차원의 가상세계로 추상을 의미하는 메타(Meta)와 현실세계를 의미하는 유니버스(Universe)의 합성어다.

　수많은 공상과학 영화와 만화에 등장한 가상현실(VR)에서 한걸음 더 진보한 개념으로 VR과 인터넷 등 모든 가상 세계의 플랫폼이 현실 세계에 흡수된 형태다. 궁극적으로 현실의 자아와 디지털화된 자아의 구분이 모호해지면서 현실과 가상을 구분할 수 없는 수준으로 발전할 것으로 기대된다.

　메타버스는 어쩌면 현실도피를 원하는 사람들의 안식처가

될 수도 있다. 메타버스에서는 현실 세계와 같은 사회, 경제, 문화 활동이 모두 가능하다.

지난 2003년 미국의 벤처기업 린든랩이 만든 '세컨드라이프'가 선풍적인 인기를 끌었던 적이 있었다. 당시 세컨드라이프의 주된 이용자들은 자신의 현실에 만족하지 못하는 사람들이 많았는데, 서비스의 이름처럼 가상의 디지털 공간에서 '두 번째의 삶'을 자신이 꿈꾸는 대로 살고 싶어 했다.

재미있는 사례가 몇 개 있다. 현실 세계에서 청소부였던 한 이용자는 세컨드라이프에서 유망한 사업가로 부유하게 생활을 누렸다. 이를 위해 그는 청소로 버는 수입의 대부분을 가상 아이템(집, 자동차, 명품 옷 등)을 사는데 대부분 소비했고 파산 위기를 맞았다.

어떤 사람은 현실 세계의 부인을 두고, 세컨드라이프에서 만난 여성과 가상세계에서 결혼을 했는데 실제 이것이 이혼사유가 돼 현실 이혼을 하기도 했다.

비대면 문화로 급부상

가상과 현실을 구분하지 못하는 사회적인 문제와 폐해가 드러나면서 세컨드라이프는 사행길로 접어들었다. 이때까지 메타버스는 가상현실이라는 개념이 강했는데, 게임 과몰입처럼 일정 부분 경계의 대상으로 여기는 경향이 있었다. 그리고 코로나19 팬데믹 이후 비대면 문화가 급속하게 발전하면서 메타버스가 급부상했다. 과거 '게임 속 삶'에 치우쳐 있던 것과 다르게 활용범위가 넓어졌다. 보다 현실적이고 유용하다.

지금의 메타버스는 가상의 콘서트를 열고, 각종 세미나와 행사를 개최하고 현실과 유사한 디지털 공간에서 업무 회의를 한다. 그리고 사람들이 모여 물건을 사고 파는 등 금융과의 접목이 시작됐다.

현재의 메타버스는 일종의 온오프라인연계(O2O) 서비스처럼, 가상의 캐릭터와 자신을 동일시하면서 메타버스 내의 집단 활동을 자연스럽게 받아들이고 있다.

디지털 자산을 사고 파는 상거래 터전이 만들어 지는 등 매력적인 비즈니스 환경을 구축할 수도 있다. 소비자의 수요가 있는 곳에는 기업의 영리활동도 이어진다. 주요 빅테크 기업들은 발빠르게 메타버스 플랫폼 개발에 나섰다. 페이스북이 사명을 '메타'로 바꾸면서 까지 메타버스에 뛰어든 것도 이러한 이유에서였다.

메타버스는 컴퓨팅, 스마트 기기, 네트워크 등 정보통신기술(ICT)의 발전에 따른 필연적인 결과물로 보면 된다.

인터넷과 스마트폰의 대중화로 사람들은 네트워크로 연결됐고, '디지털'이라는 매개체를 통해 각자의 현실에서 벗어난 새로운 자아를 디지털 소통 공간에 만들어 냈다.

사실 메타버스의 원조를 굳이 따져보면, PC통신에서부터 시작한다. 현실 세계에서 공간적-시간적인 이유로 소통하기 힘들었던 사람들이 인터넷 통신의 발전으로 PC 앞에서 연결된 것이 그 시작이다. 이후 월드와이드웹(www), 메신저, 라이브채팅, SNS, 그리고 메타버스까지 소통 플랫폼의 진화한 것이다. 그리고 메타버스가 제공하는 가상의 디지털 공간은 현실과 대등한 또다른 세계를 만들어 줬다.

모건스탠리에서는 메타버스가 차세대 소셜미디어, 스트리밍, 게임 플랫폼을 대체하며 8조 달러(약 9000조원)의 시장을 형성할 것으로 내다봤다.

지난 2018년 나온 영화 『레디플레이어원』에서는 메타버스의 궁극적인 형태를 엿볼 수 있다. 영화에서는 현실과 가상을 구분하기 힘들다. 오히려 현실의 삶은 가상 세계의 모험을 즐기기 위해 최소한의 식생활만 해결하는 정도로 묘사된다. 지금 나오고 있는 2D, 3D 메타버스 플랫폼은 SNS의 확장판 수준이다.

사람들이 원하는 것은 혼합현실(XR) 기기를 장착하고 진짜 같은 가상공간에서 멋진 캐릭터로 폼나게 사는 것이 아닐까. 현실을 벗어난 공간을 꾸미기 위해 가상의 부동산, 자동차, 옷, 가구 등에 충분히 돈을 지불할 의지가 있다. 이는 과거 세컨드라이프에서 입증된 바 있다.

이처럼 단순히 게임으로 치부되던 메타버스는 아바타를 내세워 사회, 경제적인 활동까지 이뤄질 수 있는 온라인 공간으로서 주목받고 있다.

진짜 메타버스

실제 물리적 공간 대신 그와 동일한 공간을 온라인으로 구현해 다양한 모의실험을 진행할 수 있는 '디지털 트윈'*도 이와 비슷한 개념이다.

그간 인류의 기술 개발은 물리적 시간과 공간의 제약을 줄여오는 노력이라고 할 수도 있을 것이다. 하지만 그것에는 한계가 있다.

반면 메타버스라는 공간에서는 그런 제약이 무의미하다. 온라인 공간은 물리적인 교통사고나 재난을 걱정할 필요가 없고, 세계 어느 곳에서나 언제든 접속할 수 있기 때문이다. 그 공간 내에서는 온라인상에서 재화를 거래할 수 있는 디지털 화폐를 사용할 수 있다. 더구나 이것이 현실의 법정화폐로 인정받는 날이 온다면 메타버스는 인류에게 물리적인 영토를 뛰어

---

* 디지털 트윈(Digital Twin)은 미국 제너럴 일렉트릭(GE)이 주창한 개념으로, 컴퓨터에 현실 속 사물의 쌍둥이를 만들고, 현실에서 발생할 수 있는 상황을 컴퓨터로 시뮬레이션함으로써 결과를 미리 예측하는 기술이다. _출처; 위키백과

넘는 새로운 세계로의 통로가 될 것이다.

현재 많은 기술 기업들이 진짜 메타버스를 구현하기 위한 기술 투자를 진행 중이다. 메타(구 페이스북)는 레디플레이어원에 등장한 것과 같은 VR용 햅틱장갑을 개발했는데, 이는 디지털 공간을 손으로 직접 느낄 수 있다.

국내에서는 네이버가 대표적이다. 네이버가 발표한 아크버스는 현실과 가상(디지털)을 연결하는 네이버의 기술 융합 생태계다. 아크버스라는 용어는 인공지능(AI)과 로봇(Robot), 클라우드(Cloud)의 영문 앞자리와 세계(Universe)의 합성어다.

네이버는 AI, 로봇, 클라우드, 디지털트윈, 5G, 자율주행, 증강현실(AR) 등의 기술을 융합해 현실과 디지털 공간을 유기적으로 연결하는 메타버스 생태계를 꿈꾸고 있다.

이 외에도 메타버스 구현을 위한 기술은 나날이 발전하고 있다. 현실과 대등한 메타버스 세상은 곧 우리의 눈앞에 펼쳐질 것으로 기대된다.

투기판 된 암호화폐의 운명은?

03

pxhere

디지털 경제 시대에 살고 있다면 비트코인, 이더리움 등 암호화폐(가상화폐)*가 무엇이고 또 어떻게 쓰이는지, 그리고 글로벌 경제에 어떤 영향을 끼치는지에 대한 기본적인 지식을 갖출 필요가 있다.

'가치 있는 정보가 곧 돈'이라고 믿었던 '정보의 홍수 시대'를 지나, 디지털 경제 시대에는 돈이 되는 정보를 습득하고 이를 적극적으로 활용하는 사람들이 성공을 한다. 그 중 최근 가장 핫한 투자 아이템이자 돈이 되는 정보의 핵으로 떠오른 것이 암호화폐다.

---

* 암호화폐(Cryptocurrency)는 블록체인을 기반으로 중앙 통제기관이 없는 분산 네트워크 환경에서 암호화 기술(cryptography)을 사용하여 만든 디지털 화폐(digital currency)다. 이는 전자화폐의 하나로 보기도 하지만 전자금융거래법에 정의된 전자화폐의 특성인 현금 교환성이 보장되지 않으며 정부가 가치나 지급을 보장하지 않는다는 점에서 전자화폐와는 구별된다. 초기에는 가상화폐로 명명되기도 했지만, 개발자가 발행에 관여하지 않고 가상공간이 아닌 현실에서도 통용된다는 점에서 가상화폐와 차이가 있다는 의견도 나온다. _출처 : IT용어사전, 한국정보통신기술협회

비트코인에 투자해서 큰 돈을 벌었다는 주변 사람들의 경험담을 어렵지 않게 접할 수 있다. (물론 그 반대의 사례는 더 많이 들려온다.) 암호화폐 종류가 너무 많기 때문에, 이를 대표하는 비트코인으로 관련 시장을 살펴보자.

비트코인의 가치는 최근 수년간 천정부지로 솟아올랐다. 실제 필자와 같이 근무했던 동료의 경우 채 1년이 안되는 기간 동안 월급 일부를 투자해서 인생 역전에 성공한 사례가 있다.

이제 비트코인 투자는 개인 투자자의 투기나 도박 정도로 치부하던 시기는 지났다. 전기자동차 회사 테슬라의 일론 머스크 CEO(최고경영자) 역시 비트코인과 도지코인 등 코인 전도사 역할을 자처하며 테슬라 구입에 비트코인을 쓸 수 있도록 했었다.

국내 최대 게임사인 넥슨의 경우, 암호화폐 찬양론자로 잘 알려진 창업주 고(故) 김정주 NXC 대표의 판단으로 일본 법인을 통해 2021년 4월 1억 달러(약 1,130억 원) 규모의 비트코인을 매수하는 등 유력 기업과 셀럽들의 전폭적인 지지를 받고 있다.

이러한 추세에 힘입어 비트코인은 '디지털 금'이라고 불리며 안전자산의 위상을 노리는 등 주가를 한껏 높였다.

규제와 혁신 사이

문제는 변동성이다. 경제 정책의 변동은 물론, 일론 머스크

CEO와 같은 특정인의 언행에 따라 가격 등락폭이 너무 크다. 또한 2022년 2월 러시아가 우크라이나를 침공하면서 비트코인의 가격이 크게 출렁였다.

일각에서는 '전쟁과 같은 비상상황에서 당장 현금화할 필요가 없는 강력한 자산 가치 저장소'라고 추켜세웠지만, 또 한 번 암호화폐의 투기적 요소가 입증된 것이라는 지적도 있다.

특히 비트코인을 가지고 무엇을 살 수 있는지에 대한 '내재 가치'가 부족하기 때문에 투기성 위험자산으로 바라보는 시각이 존재한다. 이 때문에 2022년 1월 미국 증권거래위원회(SEC)는 현물 비트코인 ETF(상장지수펀드)* 승인 결정을 재차 연기했고, 비트코인의 제도권 편입 전망이 어두워지기도 했다.

이처럼 비트코인을 둘러 싼 위험요소는 아직 많다. 그 중 가장 무서운 것은 규제 이슈다. 비트코인 ETF 승인이 미뤄진 것처럼 암호화폐는 투자 자산으로 공식 인정을 받지 못했다.

그 내재 가치를 인정 받을 수 있는 실체화의 길은 멀고 9,000여개가 넘는 온갖 잡코인들이 투기판을 형성하고 있다.

우리나라 정부는 암호화폐를 투자 자산으로 인정하지 않으

---

* 주식처럼 거래가 가능하고, 특정 주가지수의 움직임에 따라 수익률이 결정되는 펀드. ETF라고 불리는 상장지수펀드는 특정한 지수의 움직임에 연동해서 운용되는 인덱스 펀드의 일종으로 거래소에 상장되어 실시간으로 매매된다. _출처; 대학생을 위한 실용 금융

면서도, 이에 대한 과세는 하겠다는 이해하기 힘든 논리를 펼치고 있다. 이러한 점이 암호화폐의 현재 상황을 짐작케 한다.

2021년 우리나라 금융당국인 금융위원회의 수장은 국회에서 "가상화폐는 인정할 수 없는 화폐다. 가상 자산에 투자한 이들까지 정부에서 보호할 수는 없다"라고 발언한 바 있다. 그런데 기획재정부는 정부가 인정하지도 않는 가짜 자산의 수익에 과세를 한다고 나서 비난을 받았고, 결국 올해 1월부터 시행 예정이었던 암호화폐 과세안은 1년 유예됐다. 암호화폐에 대한 명확한 정의와 과세를 위한 구체적 가이드라인이 마련되지 않았다는 것이다.

그럼에도 불구하고 현실은 디지털 경제 시대를 맞아 빠르게 변화하고 있다. 주요 암호화폐는 기축통화의 대체 가능성까지 언급될 정도로 존재감이 커졌다.

금융과 화폐의 패러다임 시프트를 이끌 수 있는 만큼 규제와 혁신 사이의 갈등 역시 크다고 볼 수 있다.

암호화폐의 정체성

현 시점에서 비트코인의 가격이 어느 정도까지 상승, 혹은 하락할지 예측하기는 불가능하다. 전문가들 사이에서도 한편에서는 폭락을, 또다른 편에서는 폭등을 점치는 정반대의 전망을 내놓고 있다.

옹호론자는 1비트코인이 6억 원까지 가치가 상승할 것이란 전망을 내놓기도 하고, 비관론자는 '폰지 사기'(투자자끼리 돌려 막는 제로섬 게임)와 같다며 거품이 곧 꺼질 것이라고 말한다.

코인 시장의 경우, 주식 시장에서의 유동성 예측과 비교할 수 없는 위험요소가 너무 많아 이러한 예측들은 큰 의미가 없다. 미국 SEC의 비트코인 ETF 승인 등 호재가 이어진다면 상황이 조금은 달라질 수도 있지만, 아직까지는 '돈 놓고 돈 먹는' 투기판에 가까운 것이 코인 거래 시장이다.

비트코인의 미래는 과연 어떻게 전개될까. 투자자들이 많이 사 모아서 수요가 많아지면 내재 가치가 올라가고, 화폐나 투자 대체 자산으로 인정받게 되는 것일까.

그 전에 필요한 것이 정책적 정체성 확립이다. 암호화폐에 대한 실질적인 기업의 투자가 이어지고, 코인 시장에 뛰어든 많은 투자자들이 존재하기 때문에 정부는 구시대적인 규제 잣대를 들이대기에 앞서 누구나 수긍할 수 있는 정책을 수립해야 한다.

심지어 세금을 거두려고 한다면 투명한 거래 시스템에 대한 관리와 사후 규제안이 마련이 필요하다. 암호화폐를 자산으로 인정하는 전향적인 대응책 마련이 필요하다.

- **CBDC(디지털화폐)**

직장인 월급은 인터넷뱅킹을 스쳐 지나가는 전자화폐?

04

픽사베이

옛날 옛적 직장인들은 한 달 동안 노동의 대가로 노란 봉투에 현금으로 월급을 받았다. 물론 이러한 문화는 오래 전에 사라졌다.

종이로 된 월급봉투와 은행통장 시대를 지나서, 이제는 월급 지급 방식도 디지털화됐다. 월급을 비롯한 대부분의 금전 거래는 인터넷뱅킹(모바일뱅킹)을 통해서 이뤄지고, OO페이 시대를 맞이해 현금 거래 비중은 대폭 줄어들었다.

2022년 1월부터는 현금 없는 버스 시범서비스가 시작되는 등 '돈의 디지털화' 속도가 빨라지고 있다.

일부 직장인 커뮤니티에서 '월급은 인터넷뱅킹을 스쳐 지나가는 전자화폐'라는 우스갯 소리가 나온 지도 오래 전이다.

카드 거래를 거부하던 길거리 가판에서도 OO페이나 모바일 계좌이체 서비스를 통해 현금 없이 자유로운 거래가 이뤄지고 있다.

가까운 미래, 우리는 현금이 필요 없는 세상에서 살게 될 것이 불 보듯 뻔하다. 그래서 등장한 것이 디지털화폐(CBDC, Central Bank Digital Currency)다.

중앙은행이 발행

CBDC는 한국은행과 같은 각 국가의 중앙은행이 발행하는 '전자 돈'이다. 이는 암호화폐(가상화폐)와는 또 다른 개념이다.

비트코인과 같은 암호화폐는 민간이 발행하는 가상 자산의 일종으로 국가 간의 거래나 돈의 가치 보장 등의 측면에서 법적인 가치를 인정받지 못한다. 그러나 CBDC는 국가에서 공인한다는 점에서 거래 시스템만 확보되면 한국 원화, 미국 달러, 중국 위안화, 일본 엔화 등 각국의 돈과 금융 시스템에 곧바로 사용할 수 있다.

현재 가장 활발하게 CBDC 개발에 나서고 있는 국가는 중국과 미국이다. 중국에서는 이미 2021년부터 6개의 국영은행들이 디지털 위안화 지갑을 출시하는 등 디지털 위안화가 실용화 단계에 돌입한 상황이다.

미국 정부는 2022년 3월 초에 CBDC 기술 검토에 본격적으로 착수했다. 이에 앞서 미국의 연방준비제도는 CBDC가 현재 금융시스템을 매개로 거래될 경우, 미국에 가장 적합한 통화가 될 수 있다고 밝히기도 했다.

유럽연합(EU) 또한 2021년부터 CBDC 연구에 착수해 2023

년 도입 여부를 결정하기로 하는 등 우리나라를 비롯해 전 세계 100여개 중앙은행들이 CBDC 개발을 추진 중이다.

중앙은행이 CBDC 도입을 추진하는 이유는 정부가 자본의 흐름을 더 쉽게 통제하기 위해서다. 또 기존 실물 화폐를 유통하는 데 드는 비용을 획기적으로 줄임으로써 통화정책의 효율성을 높일 수도 있다. CBDC 플랫폼 기반의 디지털 혁신으로 다양한 부가가치를 창출할 수도 있다.

우리나라 역시 한국은행이 2021년 하반기부터 CBDC 테스트를 시작했다. 여기에는 네이버, 카카오와 같은 IT 플랫폼 기업이 주도적으로 참여한다. 네이버의 자회사 네이버파이낸셜-라인플러스는 한국은행의 'CBDC 모의실험'에 참여했다.

CBDC 모의실험은 말 그대로 가상의 환경에서 CBDC의 활용 및 안정성 등을 테스트하는 한국은행의 사업이다.

한국은행 측에 따르면 이 모의실험은 '디지털화폐의 제조부터 발행-유통-환수-폐기' 등 CBDC 생애주기별 모든 업무를 점검하고, 송금 및 대금결제 등 서비스 기능 작동 상태를 확인하는 프로젝트다.

카카오도 자회사 그라운드X를 통해 한국은행의 CBDC 사업에 참여했다. 네이버와 카카오 양사 모두 핀테크 사업을 주요 사업으로 설정한 데다, 간편 결제와 송금 서비스 등에서 쌓은 노하우를 기반으로 CBDC 플랫폼 초기 구축에 기여하려고 한다.

많은 소비자들이 카카오뱅크와 같은 인터넷은행을 활용하기 시작하면서, 이들 기업은 미래 금융 시장에서의 주도권을 잡기 위한 수단으로 한국은행과의 CBDC 사업에 적극 참여하고 있다.

굳이 필요할까

당장 CBDC가 현실화되는 것은 아니다. 이 같은 금융 시스템의 혁신은 국내 뿐 아니라 전 세계 금융 거래 시스템과의 호환 등과 밀접한 관계를 맺고 있기 때문에, CBDC의 통용에 대해서 전문가들은 향후 2~3년의 시간이 더 필요할 것으로 보고 있다.

다만 현재의 스마트뱅킹 기반의 금융 서비스들을 보면 'CBDC가 굳이 필요할까'라는 생각도 들 수 있다. 이미 은행 계좌를 통해 주고받는 통화가 디지털 형태를 띠고 있기 때문이다. 그러나 CBDC는 기존 실물 화폐와 달리 그 가치가 전자적으로 저장된다는 점, 비트코인처럼 블록체인의 분산원장 방식의 기술로 구현된다는 점에서 차이가 있다.

현재 논의되는 CBDC는 개인 등 민간 경제주체들이 사용하는 소매결제용으로, 주로 실물 화폐 처럼 시중에서 통용되는 디지털화폐라고 이해하면 된다. 중앙은행에서 발행하기 때문에 암호화폐와는 달리 변동성이 적고 모든 결제에 활용할 수 있다는 장점이 있다.

중국을 포함해 모든 국가의 중앙은행이 아직 디지털화폐를 공식화하지는 않은 상태다. CBDC 발행 자체가 기존의 전통적 화폐의 개념에 큰 변화를 줄 수 있기 때문이다.

중앙은행, 즉 각 국가의 정부는 CBDC 도입에 앞서 ▲지급결제 안정성을 확보하고 ▲이에 걸 맞는 새로운 통화 정책을 세우고 ▲금융 시장에 끼치는 영향 등을 광범위하게 고려해야 한다. 기술적인 접근 뿐 아니라, 금융 관련 법률까지 정비하는 것이 쉽지 않은 상황이다.

그러나 실물 화폐가 디지털적으로 유통되는 상황에서, CBDC 도입은 예견된 미래다. 한국은행이 모의실험을 하는 것 또한 향후 국제적 통상에 보조를 맞추기 위한 준비라고 볼 수 있다.

2021년 국제결제은행(BIS)의 설문조사에 따르면, 전 세계 중앙은행 10곳 중 2곳이 3년 내, 즉 2024년 안에 디지털 화폐를 발행한다는 전망이 나오기도 했다.

CBDC 발행에 따른 기존 실물 화폐와 민간의 가상화폐의 쓰임새에 대한 토론도 활발하다. 중앙은행은 금융 안정성을 위해 실물 화폐와 디지털화폐를 혼용해 사용하게 될 것이다. 개인이 디지털화폐를 보유한다면, 그 금액만큼 실물 화폐의 유통

량을 조절해 전체 통화량을 통제하는 식이다.

비트코인 등 민간에서 발행한 가상화폐는 지불 편의성이나 안정적인 가치 척도 등이 CBDC에 비해 현저히 떨어진다. 그러나 이미 주식처럼 대체 투자처로 활용되고 있으며, '시간이 흐르면 가치가 오르는 화폐'라는 측면에서 CBDC와 공존하는 형태가 될 것이라는 전망도 나오고 있다.

● **P2E(플레이 투 언)**

게임을 하면서 돈을 번다고?

아카미디어커먼스

전 세계 게임 산업은 사람들의 취미 생활 수준을 뛰어넘어 엄청난 부가가치를 창출하는 산업으로 발전했다. 특히 코로나19 사태 이후, 게임은 실내에서 즐기는 엔터테인먼트라는 특성에 힘입어 더욱 성장하고 있다.

한국콘텐츠진흥원이 발간한 『2021 대한민국 게임백서』에 따르면 전 세계 게임 시장은 2022년 7.3%의 높은 성장률을 기록하며 총 2449억 4000만 달러(약 294조 9000억 원) 규모로 성장할 것이라고 예측했다.

이 같은 성장세의 한 축은 코로나19의 확산과 지속이다. 다른 한 축은 모바일 게임의 전 세계적인 성장세, 메타버스와 블록체인 등 신기술의 도입, 클라우드 게이밍 시스템 등 산업적인 요소가 복합적으로 작용한 것이다.

최근에는 블록체인 기반의 NFT(대체불가토큰) 기술을 활용한 게임 아이템 거래소와 플레이 투 언(P2E, Play to Earn) 게임이 등장했다.

블록체인게임얼라이언스(BGA)의 연례 보고서에 따르면 2021년 3분기 NFT를 활용한 블록체인 게임의 시장 규모는 23억 2000만 달러(약 2조 7900만 원)였다. 이는 전체 NFT 거래량의 22%를 차지한다.

게임 업계의 미래 먹거리

블록체인 게임은 최근 수요가 급증하며 가장 주목받는 산업 중 하나로 부상했다. 특히 P2E 게임은 일명 '돈 버는 게임'으로 이용자가 돈을 낸다는 기존 게임 산업의 패러다임을 바꾸면서 시장의 판도를 바꿀 게임체인저로 주목받고 있다.

P2E 게임은 재미와 수익이라는 일석이조 효과로 이용자들의 큰 관심을 받는 것은 물론, 게임 업계의 미래 먹거리라는 평을 받는다.

유명 게임사의 P2E 시장 진출이 이어지고 있고, 게임 스타트업들 역시 P2E 게임을 출시하면서 대규모 투자 유치를 통해 유망기업으로 몸값을 올리는 중이다.

P2E 게임은 이용자가 가상자산이나 NFT로 보상을 받는 구조다. P2E 게임에서는 게임 아이템이나 재화 등에 NFT를 적용해 소유권을 이용자에게 준다. 이용자들은 거래소를 통해 NFT를 판매하고 이를 통해 거둔 수익을 가져갈 수 있다. 또한 게임사는 거래 수수료 등을 통해 수익을 거둘 수 있다.

초기 P2E 게임의 대표작은 베트남의 스타트업 스카이마비스가 개발한 '엑시인피니티'다. P2E 게임의 시초격이라고 할 수 있다.

암호화폐인 이더리움과 연계한 엑시인피니티는 필리핀 등 동남아 지역에서 큰 인기를 끌고 있으며, 필리핀에서는 하루 종일 게임만 하면서 생계를 이어나가는 사람들을 양산해 내기도 했다.

재미있는 사건도 발생했는데, 2021년 11월 엑시인피니티 게임 속 희귀한 가상 토지 '제네시스 플롯'이 550이더리움(ETH)에 판매됐다.

550ETH는 당시 시세로 250만 달러, 한화로 30억 원에 육박하는 가치를 지닌다. 가상 세계 속의 부동산이 30억 원에 실제 거래가 된 것이다.

게임 분석업체 디앱레이더와 BGA에 따르면 2021년 하반기 엑시인피니티의 거래 규모는 20억 8000만 달러(약 2조5000억원)에 달한다.

가상 토지에 투자

실제 소유자가 들어가 살 수도 없는 게임 속 가상 토지에 30억 원의 거금을 투자하는 이유는 무엇일까. 하물며 해당 게임이 언제까지 유행하다 인기가 시들해 질 지 알 수 없는 상황에서 그 이유가 궁금하다. 국내 시장에서 P2E 게임은 사행성 게임물로 분류돼 브레이크 등이 켜진 상황이기도 하다.

그러나 P2E 게임은 메타버스와 NFT 등 미래 디지털 자산의 가치 폭등에서 비롯됐기에 가능성이 무궁무진하다. 메타버스가 전 세계적인 트렌드로 자리 잡았고, 이 공간에서 NFT 기반으로 각종 디지털 자산을 거래하는 상거래 행위가 주류를 형성하기 시작했다.

여기에 현실에서 현금화할 수 있는 암호화폐까지 연결되면서, 100만명의 이용자를 확보한 엑시인피니티의 가상 토지가 현실의 부동산처럼 매매를 통해 더 큰 수익을 낼 수 있다는 기대감이 형성된 것이다.

이 게임에서는 가상 토지에서 생성되는 모든 자원에 대한 권리를 소유자가 갖는다. 게임을 하면서 다양한 아이템과 토큰을 모을 수 있는 등 게임 속 활동이 수익으로 이어진다.

게임이 인기를 끌수록 토지의 가치는 높아져 시세 차익을 남기고 팔 수도 있다. NFT로 구현됐기 때문에 소유권 증명과 이전이 가능한 디지털 자산으로 인정 받는다.

엑시인피니티는 P2E 게임의 장을 연 마중물 게임으로 보면 된다. 이 게임을 통해 P2E 게임의 잠재력은 충분히 증명됐다. 이에 따라 주요 게임업체들은 더욱 재미있고 보상 가치가 높은 게임을 개발 중이다.

국내 게임사들 역시 국내의 규제를 피해서 해외에 P2E 게임 출시를 서두르고 있다. 위메이드는 미르4 글로벌 버전을 해외 170여 개국에 출시했는데, 2021년 말 동시접속자 수 130만 명을 돌파했다. 이용자의 아이템 소유를 인정한 NFT 마켓을 도입해 화제가 되기도 했다. 미르4 NFT 마켓에 올라온 캐릭터가 수억 원 대에 거래되기도 했다. 이 외에도 엔씨소프트와 넷마블을 비롯해 컴투스홀딩스와 컴투스, 네오위즈 등 주요게임사들이 블록체인 플랫폼과 P2E 게임 출시를 추진 중이다.

암호화폐 · NFT를 가능케 한 블록체인은 컴퓨터 상의 '공공 거래 장부'

06

出처: 셔터스톡

최근의 IT기술 흐름 가운데를 관통하는 것이 '블록체인'이다. 암호화폐와 대체불가토큰(NFT)도 바로 블록체인 기술에 기반 한다.

블록체인 기술을 설명하려면 복잡한 컴퓨팅 시스템에 대한 이해가 먼저 필요하다. 그렇지만 전문적인 용어를 써가면서 이것을 전부 이해해야 할 필요는 없다.

블록체인 기술이 어떤 원리로 작동하고, 어디에 어떻게 응용이 되는지 아는 것만으로도 IT기술에 대한 인사이트를 얻을 수 있다.

잘 알려진 것처럼, 블록체인의 시작은 코인 투자자들의 '잇템' 비트코인과 밀접하다. 비트코인의 창시자로 알려진 나카모토 사토시라는 인물이 지난 2007년에 블록체인 기술을 고안해 냈다.

블록체인은 고도의 보안 기술이라고 할 수 있다. 사토시는 2007년 글로벌 금융위기 사태를 겪으면서 중앙집권화된 금융

시스템의 위험성을 인지했고, 이 때문에 개인 간에 거래가 가능한 블록체인 기술을 만들어 냈다.

데이터 위변조를 막는 보안 기술

블록체인은 일반적인 중앙 집중형 서버에 (금융거래 등) 각종 거래 기록 데이터를 보관하지 않고, 해당 거래에 참여한 네트워크상의 모든 사용자들에게 거래 내역을 보내준다. 그렇기 때문에 전산 시스템 상의 모든 거래에 참여자들이 정보를 공유하고, 이를 대조해서 데이터의 위조나 변조를 할 수 없도록 한 기술이다.

블록(Block, 데이터를 저장하는 단위) 체인(Chain)이라는 명칭에서 알수 있듯이, 거래 블록을 생성해서 이를 체인 형태로 연결한 후 수많은 참여자의 컴퓨터에 이를 복제해 저장하는 분산형 데이터 저장 기술이다. 이러한 방식으로 작동하기 때문에 '공공 거래 장부'라고도 불린다.

누구나 열람할 수 있는 장부에 거래 내역을 투명하게 기록하고, 여러 대의 컴퓨터가 기록을 검증해 해킹과 위변조를 막을 수 있다는 것이 장점이다.

그리고 사토시는 2009년에 이 블록체인 기술을 적용해서 암호화폐인 비트코인을 개발했다.

암호화폐는 기축통화를 대체할 수도 있는 가상 통화다. 기존 중앙 집권적인 전산시스템에서는 보안상의 이슈뿐 아니라, 각국 정부의 통화정책과 이해관계, 수수료 등의 제한을 받는다.

이 때문에 블록에 금전거래 내역을 저장해서 거래에 참여하는 모든 사용자에게 거래 내역을 전송하고, 거래 때마다 이를 대조해서 데이터 위조를 막는 금융소비자에 친화적인 암호화폐가 나왔을 때 사람들은 열광했다.

블록체인의 대표적인 활용분야가 비트코인과 같은 암호화폐로 잘 알려져 있지만, 이는 수많은 활용 분야 중 하나에 불과하다.

암호화폐에 대응하기 위해 정부와 금융당국은 중앙은행디지털화폐(CBDC) 개발에 착수했다. 물론 CBDC에도 블록체인의 분산원장 기반 시스템과 개인정보보호 강화 기술이 필요하다.

카카오의 블록체인 계열사 그라운드X는 2021년 한국은행이 발주한 'CBDC 모의실험 연구' 사업을 낙찰 받았다.

향후 한국은행의 CBDC가 공식화되면 그라운드X가 블록체인 기반의 CBDC를 개발·유통하게 될 것으로 보인다.

또 특정 지역에서 쓰이는 디지털 지역화폐 발행이 늘면서, 지역화폐의 이상거래 단속과 유통과정의 투명성을 보장하기 위해서 블록체인 기술을 KT가 개발하기도 했다.

블록체인의 활용 사례 중 디지털 인증 분야는 최근 코로나

19 예방 접종에도 효과적으로 쓰인다. 이른바 '블록체인 백신여권'에 활용되는 것이다.

공공 증명서 발급 · 관리에 활용

블록체인 기술을 활용한 DID(탈중앙화 신원증명)를 통해 코로나19 백신 접종 정보가 포함된 예방 접종 정보를 발급 · 조회할 수 있도록 정보서비스를 제공하는 서비스에 활용이 된다.

해당 서비스에서 생성된 개인정보는 특정 기업이나 기관의 서버가 아닌 사용자의 스마트폰 보안영역에 보관돼 정보보호에 강점이 있다. 또한 대학졸업 및 어학 증명서 등 공공 증명서를 발급하고 관리하는 데 활용할 수도 있다.

이 외에도 원산지부터 유통까지 전 과정을 추적하는데 적합하기에 유통 및 화물추적 시스템과 같은 물류 산업에 적용할 수 있다. P2P 대출, 전자 투표, 차량 공유 서비스, 병원 간 의료 기록 관리 공유 등 신뢰성이 필요한 모든 산업에 폭넓게 적용이 가능하다.

특히 예술품의 진품 감정이나 위조화폐 방지, 부동산 등기부와 같은 디지털 소유권 식별에 블록체인 기술이 유용하다.

실제 이와 같은 영역에서 디지털 자산의 소유권을 확인하는 수요가 늘면서 블록체인 기반의 NFT가 집중 조명 받고 있다. NFT는 다양한 디지털 자산에 소유권을 증명하는 기술이기도 하고, 게임 아이템에도 소유권을 부여해 이를 사용자 간에 거래할 수 있도록 게임과 블록체인을 결합한 P2E(Play to Earn) 게임이 새로운 먹거리로 부상했다.

블록체인 기술이 게임 산업의 패러다임을 바꾸고 있는 것인데, NFT와 가상자산(암호화폐)의 도입으로 게임이 돈을 버는 수단이 될 수도 있게 만들기도 했다.

- **AI(인공지능)**

첨단 기술로 작동하는
디지털 경제 시스템을
조율하는 두뇌

07

인공지능(AI, artificial intelligence)에 대한 환상은 실로 대단하다. 과학자들은 복잡한 계산과 방대한 자료 암기, 지식의 습득, 그리고 온갖 상상과 창작 등 인간의 뇌를 뛰어넘는 AI를 개발하기 위해 그동안 부단한 노력을 이어왔다. 그리고 컴퓨팅 기술의 눈부신 발전으로 AI가 진화를 거듭하고 있다.

AI는 소프트웨어 기술의 최고봉이라고 할 수 있다. 사전적 의미를 들여다 보면 '인간의 학습능력과 추론능력, 지각능력, 자연언어의 이해능력 등을 프로그램으로 실현한 기술'이다.

즉 인간이 할 수 있는 사고와 학습을 기계(컴퓨터)가 할 수 있도록 한 IT의 한 분야로, AI는 인간의 행동과 사고방식을 모방하는 것에서 스스로 학습을 통해 진화해 나가도록 프로그래밍돼 있다.

이 때문에 암울한 공상과학(SF) 영화를 보면, AI 로봇이나 컴퓨터가 사람들을 지배하는 내용이 자주 등장한다.

AI는 인간이 부족한 능력을 키우기 위해 창조해 낸 결과물이지만, 인간을 모방하는데 그치지 않고 월등한 연산 능력과 기계학습(머신러닝)*을 통해 스스로 하나의 인격체로 진화시킬 수 있다는 점에서 두렵기도 한 분야다.

인간 vs. AI

AI 기술은 빅테크 및 관련 스타트업들이 오랜 기간 연구해 왔고, 학습을 거듭해 진화하고 있다. AI가 우리사회에 널리 알려진 계기는 2016년 벌어진 바둑 대결이다.

이세돌과 알파고의 대국은 수 싸움에서 '인간의 순발력과 창의성 영역을 기계가 넘어설 수 있느냐'에 대해 전 세계적인 관심이 집중됐었다.

대국 전까지만 해도 인간 대 AI의 승부 예측은 AI 우세 속에서도 인간의 승리 가능성이 제법 있었다.

그러나 결과는 인간의 참패였다. 1게임을 이세돌 9단이 이겼지만, 이 역시도 AI가 알 수 없는 이유로 져줬다는 분석이 나오는 등 인간이 영역을 일찌감치 넘어섰다.

AI는 잘 활용만 한다면 인류의 발전에 큰 기여를 할 수 있

---

* 인공지능의 한 분야로 인간의 학습 능력과 같은 기능을 컴퓨터에서 실현하고자 하는 기술 및 기법. 자율주행차, 필기체 문자 인식 등과 같이 알고리즘 개발이 어려운 문제의 해결에 유용하다. 이는 검색 엔진, 기계 번역, 음성 인식, 바둑, 과학 연구와 같은 다양한 분야에 적용되고 있다. _출처; IT용어사전

다. 그러나 편향된 정보를 학습할 경우, 그 결과물이 인간의 정책적 결정에 반영돼 사회 문제를 유발할 가능성이 있다.

영화에서처럼 전쟁을 일삼고 지구환경을 파괴하는 인류에 대해 응징을 하는 극적인 일이 벌어질 것이라고 생각하지는 않는다. 그러나 유네스코(UNESCO)에서는 AI의 편향된 정보 학습으로 인해 차별과 불평등, 정보 격차, 인권 침해 등의 문제를 초래할 수 있다고 지적했다.

그래서 유네스코는 AI 윤리가 필요하다고 권고했다. AI 윤리 권고에는 AI가 인간의 기본 윤리를 해치는 행위를 허용치 않고, 사회 감시를 위한 목적으로 활용하는 것을 금지하고 있다. 이를 위해 AI 윤리 관련 법안 마련과 실질적인 행정 조치를 취하고, 윤리적 평가를 거쳐 AI 기술을 개발토록 제시했다.

2021년 초 국내에서도 AI 윤리를 상기시켜준 사건이 발생했다.

AI 챗봇 서비스인 '이루다'가 성희롱과 혐오, 그리고 개인 정보 침해 논란으로 결국 서비스 시작 3주 만에 중단된 사건이다. 이루다는 데이터의 편향성, 그리고 AI를 대하는 인간에 대해서도 윤리에 대한 숙제를 남겼다.

사실 AI는 로봇 등 물리적 형태로 존재하는 것이 아니다. 이 기술은 컴퓨팅 기술의 다양한 분야와 결합돼 인류에 필요한 서비스를 만들어 내는 등 더 나은 삶을 위해 존재하는 일종의 솔루션이다.

예를 들면 자율주행 기술, 반려 로봇, 자동번역, 신약 개발, 수학적 이론 증명 등의 분야에서 활용이 가능하다.

좀 더 구체적인 예를 들자면, 자연어 처리 분야에 AI를 접목해 사람과 컴퓨터의 대화를 가능케 할 수 있다.

미래에는 컴퓨터를 사용할 때 소스 코드를 입력하거나 특정 프로그램을 사용해 결과물을 완성하지 않고 대화로 가능하게 된다.

초거대 AI

인간의 능력을 뛰어넘는 전문 지식을 저장하고 이를 활용할 수 있는 AI 컴퓨터 시스템을 통해 의학적 진단이나 화학물질 구조 분석을 통한 신약 개발, 보험료 판정 등 전문가의 영역을 대신할 수도 있다.

기후 변화를 관찰 분석해서 이에 대응할 수도 있다. 또한 로봇 공학에 필요한 음성 및 문자 인식, 영상 분석 등에서도 AI는 필수적이다.

그리고 알파고 이후 6여년이 지난 상황에서 AI는 '초거대 AI'로 한 단계 진화했다.

초거대 AI는 대용량 데이터를 학습해 인간처럼 종합적 추론이 가능한 상태까지 진화했다. 알파고 같이 바둑이라는 특정 분야의 AI가 아니라, 다양한 상황을 스스로 학습하고 역할을 수행한다.

일론 머스크 테슬라 CEO가 설립한 오픈API*의 언어 기반 초거대 AI 'GPT-3'는 사용자가 제시어를 입력하면 자동으로 수억 가지의 대화와 서술형 문장을 완성할 수 있다.

네이버는 '하이퍼클로바'라는 초거대 AI를 개발했다. 이는 1750억 개의 파라미터 규모의 GPT-3보다 많은 2040억 개의 파라미터 규모로 화제를 모았다.

카카오브레인은 GPT-3 모델을 활용해 한국어에 특화된 초거대 AI 언어 모델 KoGPT를 선보인 바 있다.

AI 활용의 끝판왕은 아무래도 신경망**연구 분야다. 이것이 바로 수학적 논리가 아닌 인간의 두뇌를 모방해 사람과 같은 존재를 만들어 낼 수 있는 분야로, 인간의 두뇌 작동 원리와 비슷하게 수많은 단순 처리기들로 복잡한 네트워크를 구성해 일

---

* 애플리케이션 프로그래밍 인터페이스(API, Application Programming Interface)는 운영체제(OS)나 시스템, 애플리케이션(앱), 라이브러리 등을 활용하여 응용 프로그램을 작성할 수 있게 하는 다양한 인터페이스를 의미한다. 오픈 API는 누구나 사용할 수 있도록 공개된 API다. _출처; 네이버 지식백과, ICT 시사상식

** 인간이 뇌를 통해 문제를 처리하는 방법과 비슷한 방법으로 문제를 해결하기 위해 컴퓨터에서 채택하고 있는 구조. 인간은 뇌의 기본 구조 조직인 뉴런(neuron)과 뉴런이 연결되어 일을 처리하는 것처럼, 수학적 모델로서의 뉴런이 상호 연결되어네트워크를 형성할 때 이를 신경망이라 한다. _출처; 컴퓨터인터넷IT용어대사전

종의 컴퓨터 신경망 구조를 만들어 내는 영역이다.

AI는 역동적인 디지털 경제 사회를 돌아가게 하는 심장과 혈관을 조율하는 두뇌와 같은 역할을 한다.

다양한 첨단 기술들에 AI가 탑재돼야 비로소 그 기능을 100% 발휘할 수 있다.

AI는 기술의 발전과 함께 진화를 거듭해 나갈 것이다. 인류의 능력치를 이미 뛰어넘은 만큼 인간에게 해를 끼칠 수 없도록, 철저한 AI 윤리 지침에 근거한 개발과 관리에 만전을 기해야 한다.

● **가상인간**

가상인간은 왜 모두 여자인가?

08

로지_싸이더스튜디오엑스

　요즘 연예인과 인플루언서를 대신할 수 있는 '가상인간'이 뜨고 있다. 2021년 1월에 LG전자가 우리 주변에서 실제로 만나 볼 수 있을 것 같은 20대 가상 여성 '김래아'를 선보이면서 활시위를 당긴 이후 가상인간 전성시대를 맞이하고 있다. 그런데 현시점에서 잘 나가는 가상인간은 왜 전부 여성일까?

　김래아의 컨셉트는 우연히 길을 걷다가 스쳐 지나면서 볼 수 있는 20대 여성처럼 생긴 가상인간이다. 유튜브나 아프리카TV 등을 통해 흔히 접할 수 있는 인플루언서 역할을 하게 될 현실적인 버추얼 인플루언서(Virtual Influencer)다.

　실제 LG전자가 설정한 래아의 직업은 LG전자의 협찬을 받는 잘 나가는 인플루언서다. 래아는 LG전자가 AI 기술을 기반으로 눈에 보이는 캐릭터를 만들고, 여기에 목소리와 움직임을 구현했다. 래아의 캐릭터는 꽤 구체적이다. 그녀는 서울에서 살고 있는 23세 여성으로 직업은 음악을 만드는 버추얼 인플루언서로 기획됐다.

래아는 인스타그램 계정도 갖고 있다. 여느 젊은 여성과 마찬가지로 음식점에서 맛난 음식을 먹거나, 한강 등지에서 멋진 배경을 두고 찍은 사진을 올린다. 평범한 20대 여성의 일상을 우리는 언제든 그녀의 SNS에 접속만 하면 만나 볼 수 있다. 실제 우리가 팔로잉하는 모르는 사람 보다 더 친근하게 접근할 수도 있는 것이다.

가상인간에 대한 기업 투자 봇물

가상인간은 아주 중요한 마케팅 수단으로 떠올랐다. 가상인간의 잠재력이 무궁무진함을 알아챈 기업들도 재빠르게 나서고 있다. 특히 현실과 가상의 경계가 무너지고 있는 '메타버스' 열풍을 타고 가상인간의 몸값이 치솟고 있다.

가상인간 '로지'는 신한라이프의 TV 광고 CF 모델로 하루 아침에 스타 반열에 올랐다.

로지가 가상인간인지 몰랐던 사람들은 공주처럼 예쁘지는 않지만 독특한 개성이 있는 그녀에게 서서히 빠져들었다. 특히 여성들이 더욱 환호했다.

예쁜척 하지 않고, 자신의 개성대로 환하게 웃고, 열정적이고, 매력적인 캐릭터가 여성들의 기호에 시기적으로 딱 맞아떨어졌다는 분석이다.

로지는 스타덤에 올랐고, 로지를 스카웃하기 위해 네이버가 움직였다. 네이버웹툰이 2021년 말 로지의 개발사 로커스를 235억 원에 인수했다. 로지를 활용해 광범위하고 다양한 마케팅 활동을 할 수 있고, 네이버의 메타버스 플랫폼 제페토와도 시너지 효과를 기대할 수 있다. 로커스가 영화와 애니메이션 제작사인 만큼, 네이버웹툰의 IP(지적재산권)를 영화화하거나 애니메이션화 하는 등 기대가 된다.

SK스퀘어도 가상인간 '수아' 개발사인 온마인드의 지분 40%를 80억 원에 인수했다. SK텔레콤에서 분할된 투자전문회사인 SK스퀘어는 온마인드의 가상인간 기술을 활용해 버추얼 인플루언서 사업영역을 키워갈 방침이다.

이 외에도 가상인간 '한유아'를 개발한 자이언트스텝에는 네이버와 하이브가 투자했으며, 가상인간 아이돌 걸그룹 '어터니티' 개발사 펄스나인은 넵튠에서 투자했다.

기업들이 가상인간 개발사에 투자하는 이유는 메타버스다. 현실과 구분하기 힘든 가상 세계에도 스타가 필요하고, 현 시대 트렌드를 이끄는 스타를 일반인이 직접 만나보는 것은 거의 불가능하기에, 미래 스타는 반드시 사람일 필요가 없다.

여기에 메타버스 붐까지 더해져서 가상인간의 주가가 치솟고 있다. 단순히 가상인간의 IP나 소유권을 얻기 위해 투자한 것은 아니다. 메타버스에서 구현할 가상인간의 제작 기술 등 '원천 기술'을 흡수하기 위함이라고 보는 것이 더 정확하다.

왜 여자인가?

그런데 지금의 가상인간은 왜 다 여성 캐릭터일까. 김래아, 로지, 한유아, 수아, 루시 등 요즘 뜬다는 가상인간의 성별은 여성이고, 나이 또한 10~20대로 설정돼 있다.

이들은 주로 SNS에서 자신의 일상을 공유하는 버추얼 인플루언서로 활동한다. 이들이 먹고 마시고 꾸미는 모든 것이 팔로워들의 관심을 끈다. 듣는 음악과 이에 맞춰서 추는 춤은 엔터테인먼트의 요소를 자극한다.

산업계는 이들을 통해 여성 소비자의 오감을 자극하는 마케팅에 주목하고 있다.

화장품이나 패션, 음식 등의 주요 소비층은 여성이다. 특히 MZ세대 여성들은 자신을 위한 투자에 돈을 아끼지 않는다. 가상인간은 완벽한 미인 캐릭터가 아니고, 주변에서 볼 법한 친근한 이미지에 더해 약간의 개성을 얹어서 스타성을 입혔다. 즉 일반 여성 소비자가 충분히 '닮을 수 있다'는 가능성과 자극을 주는 것이다.

여성의 소비를 이끌어 내고, MZ세대가 '힙'하게 즐길 수 있는 자극을 주는 캐릭터로 적당히 예쁘고, 젊고 개성 있는 여성 가상인간이 주류가 된 이유다.

사실 여성 팬들은 여성 아이돌 보다 남성 아이돌에 환호하고, 아낌없이 지갑을 연다. 직접 비교하는 것이 적절치는 않지만 BTS와 블랙핑크를 놓고 보면 어림짐작이 가능할 수도 있다. 주요 소비 주체가 여성이라는 것이다. 스타의 개념에서 벗어나 닮고 싶은 인플루언서로의 가상인간 캐릭터를 여성으로 설정한 것은 어쩌면 당연한 이치라고 할 수 있다.

로지의 SNS 팔로워는 12만 명이 넘고, 8만명의 팔로워를 보유하고 있는 롯데홈쇼핑의 가상인간 루시는 초록별미디어와 전속계약을 맺고 아티스트로 거듭났다. 디지털 셀럽으로 팬덤을 형성한 것이다.

최근 잇따라 드러나고 있는 실제 연예인들의 사생활 논란과 과거 품행 등에서도 자유로워 기업들과 소비자들 모두 가상인간에 호감을 갖고 있다. 특히 이들의 개발 과정에는 AI가 개입해서 표정, 말투, 소비자의 호감도를 높일 수 있도록 학습까지 한다. 미래에는 AI 기반 가상인간이 사람을 위로해주고 친구가 돼 줄 것으로 기대를 해본다.

바이브컴퍼니 생활변화관측소 박현영 소장은 "접속의 시대에서 접촉의 시대로 전환될 것이다. 이 접촉은 사람 간의 접촉은 아니다. 군이 접촉 대상을 말하자면 '로봇'이 될 것으로 기대된다"라고 말했다. 시대는 변했고, 우리가 접촉해야 할 대상은 지금의 가상인간의 진화 모델일 것이다.

2

빅테크의 시대,
세상은 어디로 달려가나

● **빅테크 기업이란?**

온라인 플랫폼 비즈니스를
장악하고 있는 공룡 IT기업

'테크'(Tech)의 어원은 기술을 뜻하는 테크닉(Technique) 혹은 테크놀로지(Technology)다. 디지털 경제 시대에는 테크를 기술 기반의 산업 그 자체로 인지해 더 큰 의미를 부여하고 있다.

테크 산업은 이제 인류의 삶에 있어 반드시 필요한 기반 산업으로 자리잡았다. 우리 생활에 끼치는 영향이 상당하다.

과거 1차 산업혁명의 핵심 요소는 증기기관이었다. 증기기관의 등장으로 각종 산업이 자동화되면서 인류는 커다란 진전을 하게 된다. 당시 증기기관이라는 '테크'는 증기 원동기에서 자동차와 선박으로 상용화 돼 혁신적인 산업 발전의 원동력이 됐다. 이러한 '기계' 혁명에 이어 2차 '전기', 3차 '정보화' 혁명이 이어졌다.

시간이 지나서 이제는 4차 산업혁명 단계에 이르렀다. 정보통신(IT) 기술의 융합에 기반한 차세대 산업혁명이다. 초연결과 초지능을 특징으로 하기에 기존의 산업혁명 보다 더 넓고 빠르다. 인공지능(AI)과 로봇, 사물인터넷, 자율주행차, 가상현실 등의 첨단기술이 그 핵심에 있다.

FAANG, BATX, 네카쿠라배

이러한 4차 산업혁명을 이끄는 대형 IT 기업을 '빅테크'라고 일컫는다. 처음에는 구글, 애플, 아마존, 메타(구 페이스북), 마이크로소프트 등과 같은 IT 산업에서 가장 크고 지배적인 기업들을 빅테크라고 불렀다.

한때 미국 증시에서 가장 주목 받는 기업으로 FAANG(페이스북, 애플, 아마존, 넷플릭스, 구글) 등 5개 빅테크의 머리글자를 딴 별칭이 유행어처럼 돌기도 했다. 중국의 경우 바이두, 알리바바, 텐센트, 샤오미를 'BATX'라고 부르며 미국 빅테크의 경쟁 기업으로 간주하기도 한다. 그리고 지금은 온라인 플랫폼 비즈니스를 기반으로 각 산업 분야에서 지배적 위치에 있는 대형 IT기업을 통틀어 빅테크라고 지칭한다.

국내에서도 네이버, 카카오, 쿠팡, 라인, 배달의민족 등 국내 주요 IT 플랫폼 기업을 '네카쿠라배'라는 줄임말로 부르면서, 이들 기업이 우리나라를 대표하는 빅테크 기업으로 자리매김을 했다.

일부 IT용어사전에는 '온라인 플랫폼 제공 사업에서 출발해 금융시장으로 진출한 기업인 네이버, 카카오 등을 빅테크라고 한다'고 정의했다.

전통적인 기존 산업군에서 볼 때 플랫폼 기술력을 갖춘 IT 기업, 즉 빅테크가 자신들의 비즈니스 영역에 침범한 것이다. 기업들은 생존을 위한 치열한 경쟁에 돌입했다.

빅테크 기업은 다양한 산업 분야에서 '메기 효과'를 내고 있어 시장의 파이를 키우는 역할을 하기도 한다. 대표적인 사례가 앞서 언급한 네이버, 카카오 같은 빅테크의 금융시장 진출이다. 인터넷전문은행을 비롯해 송금, 결제, 자산관리, 보험 판매 등 온라인 플랫폼과 IT기술력을 융합해 소비자 편의와 모바일 금융 혁신을 불러일으켰다. 빅테크의 기술력과 빅데이터를 통해 기존 금융사와는 차별화된 서비스를 제공할 수 있기 때문이다. 이는 전통적인 금융회사들을 자극했고 대대적인 금융 서비스 혁명의 단초가 됐다.

육성과 규제

특히 빅테크 기업들은 글로벌 추세와 맞물린 정부의 핀테크 육성 정책에 힘입어 영역 확장에 나서고 있다. 이를테면 금융사와 제휴만 맺으면 금융업 라이선스를 취득하지 않고도 사업을 확장할 수 있다.

다만 이에 대해서 강도 높은 금융당국의 감독을 받는 기존 금융사들이 역차별 규제를 토로하고 있기도 하다. 금융 산업 외에도 빅테크 기업들은 IT 기반 기술을 활용해 다양한 분야에서 혁신 비즈니스를 선도하고 있다.

복잡하고 어려운 테크 산업의 본질은 인간의 삶을 보다 효율적이고 편리하게 바꿔주는 것이다. 검색 서비스로 출발한 구글이나 스마트 기기 제조사인 애플이 글로벌 IT 트렌드를 좌지우지하는 빅테크의 대명사가 된 것, 페이스북이 사명을 메타로 바꾸면서 메타버스 영역에 나서는 것, 이커머스로 시작한 아마존이 전 세계 클라우드 판세를 뒤흔들고 있는 것, 전기차 업체인 테슬라가 자율주행과 로봇 산업의 메이저 기업으로 등극하는 것 등 빅테크 기업이 인류의 생활을 바꾸고 세상을 변화시키고 있다.

한 가지 유의해야 할 점은 빅테크 기업들의 과도한 영향력을 제어해야 한다는 규제의 목소리에도 귀를 기울여야 한다는 것이다. 빅테크 기업이 플랫폼 비즈니스를 장악하면서 독점적 지위가 굳어지고 있다. 이들의 독점력은 중소 기업들의 성장을 억제하고, 소비자의 선택권을 제한한다.

이 때문에 빅테크의 영향력에 대한 반발 작용 발생 현상을 뜻하는 '테크래시'(Techlash, Technology+ Backlash(반발))라는 신조어도 생겨났다.

디지털 경제가 움직이는 데
필요한 천연 연료

10

플리커

빅데이터(Big Data)는 말 그대로 아주 큰 데이터(정보)다. 인터넷 활성화에 따른 디지털 환경에서 우리 주변에 생성되는 데이터는 그야말로 기하급수적으로 늘어나고 있다.

지금 이 순간에도 텍스트, 숫자, 이미지, 영상, 행동패턴 등 다양한 종류와 형태를 가진 대규모 데이터들이 쌓이고 있다. 그 규모는 방대하고 생성 주기도 짧다.

과거에는 소비 등 특정 경제 활동에 활용할 수 있는 의미 있는 데이터를 분석해서 이를 비즈니스와 연계하는 기업들이 있었다면, 지금은 사람과 자동차의 이동경로와 위치정보, SNS에서 휘발성으로 소비되는 짧은 댓글 등 세상의 모든 데이터를 모아서 분석하고 예측하는 시대가 됐다.

이러한 빅데이터가 있기에 인공지능(AI) 기술을 진화시킬 수 있고, 자율주행과 같은 첨단 미래 모빌리티가 가능해 진다.

클라우드 시장 또한 빅데이터의 활용 정도에 맞춰 발전할 수 있는 분야다. 이 모든 기술들은 이렇듯 서로 밀접한 관계를 형성하고 있다.

이커머스가 견인

아날로그 환경에서는 생성되는 데이터가 제한됐었고 그 규모 또한 작았다. 예를 들어 커머스(상거래) 분야에서 종이로 된 제품 카탈로그 책자를 소비자에게 보내주던 시대가 불과 10여년 전이다.

그러나 PC와 인터넷 활성화와 스마트폰 대중화로 인한 모바일 혁신을 통해 세상이 디지털로 연결됐고, 도처에 데이터들이 쌓였다.

이제 제품을 소개하는 종이책은 사라지고 이커머스(전자상거래)가 눈부시게 발전했다.

아마존과 쿠팡 등 국내외를 대표하는 이커머스 기업의 성장 기반에는 빅데이터가 존재한다.

이커머스 기업들은 이용자들의 방문기록을 저장해서 관심상품을 기록, 이를 AI를 통해 자동 추천해 주는 방식의 서비스를 제공한다. 더 나아가 소비자의 다양한 정보를 동의 하에 수집해, 이를 금융과 모빌리티 등 생활밀착형 서비스 개발에 활용한다.

이커머스 기업이 물건을 파는 것에 그치지 않고 빅테크 기업으로 클 수 있었던 기반 또한 자사에 집중되는 빅데이터가 있었기에 가능했다.

빅데이터는 이커머스 분야에서만 중요한 것이 아니다. 최근 자신의 개인정보를 활용할 수 있도록 한 마이데이터 사업의 시행, 스마트폰과 SNS에서 생성되는 소셜미디어 분석에 따른 디지털 소통 문화의 창출, 개인 성향 분석을 통한 데이팅 시스템 등이 민간 분야에서 활용 가능한 사례다.

또한 공공 분야에서도 의료 데이터의 활용을 통한 원격 진료, 그리고 코로나19 등 감염병 확진자수와 위험 지역을 예측하는 식의 활용도 가능하다.

세금 및 사회 현상 조사에 필요한 엄청난 분량의 데이터를 수집하고 분석해서 효율적인 행정 시스템을 구축할 수 있다.

3V

관련 업계에서는 빅데이터의 특징을 3V로 요약해서 설명한다. 데이터 양(Volume), 생성 속도(Velocity), 다양성(Variety)을 의미하는데, 최근의 기술 흐름에서는 3V가 고리타분하다는 의견도 나온다.

데이터의 복잡성과 가치를 뽑아내서 이를 더욱 잘 활용할 수 있는 기술과의 융합이 빠르게 진행되고 있기 때문이다.

빅데이터는 디지털 경제 시대를 돌아가게끔 만드는 천연 연료와도 같다. 앞서 언급했듯 AI, 클라우드 기술을 통해 이를 가공해 에너지원으로 활용할 수 있다.

AI 로봇과 자연스럽게 대화를 하거나 실시간 번역 시스템 등 초거대AI를 완성하는 것도 결국 엄청난 규모의 데이터를 어떻게 처리해 냈는지가 관건이 된다.

빅데이터는 사람들의 행동을 예측하고, 이를 통해 기업은 생산성을 향상시킨다. 궁극적으로 빅데이터는 우리의 미래를 더 나은 방향으로 이끌어주는 원천이다.

● **마이데이터**

마이데이터로 무엇을 할 수 있을까?

마이데이터(Mydata)는 개인이 자신의 정보를 적극적으로 관리·통제하고, 이러한 정보를 신용이나 자산관리 등에 능동적으로 활용하는 일련의 과정을 의미한다.

마이데이터는 영문 표기처럼 개인정보 주체인 나의(My) 데이터(Data)를 금융 및 의료 기관 등에 제공해 보다 나은 개인맞춤형 서비스를 추천 받아서 활용하고, 기업 역시 새로운 먹거리를 창출해 낼 수 있다.

개인은 각종 기관과 기업 등에 분산돼 있는 내 정보를 한꺼번에 확인할 수 있는데, 이는 내 금융 정보를 한 곳의 은행에서 모두 확인할 수 있는 오픈뱅킹 서비스를 생각해 보면 쉽게 이해할 수 있다. 국내에서는 2022년 1월 5일부터 전면 시행됐다.

국내 마이데이터 사업은 금융 분야에 우선 적용돼 시행된다. 마이데이터 서비스가 활성화되면 기존 금융권의 고객 데이터 독점 문제가 해소될 것으로 기대된다. 인터넷은행이나 핀테크 업체 등이 만든 혁신적인 서비스를 소비자가 이용할 수 있고, 금융사들은 차별화된 금융 서비스를 내놓는 등 경쟁을 통한 서비스 질 향상이 일어날 것으로 보인다.

기존 금융권이 고객 데이터를 여신 리스크 관리 차원에서만 활용했다면, 빅테크나 핀테크 등 신금융권 기업들은 금융을 서비스 차원으로 접근해 빠르게 영역을 확장해 왔다. 쉬운 예로, 기존 금융 소비자들은 대출을 받기 위해 은행을 찾아 다니며 부탁을 하는 '을'의 입장이었다. 그러나 마이데이터 도입 이후에는 금융권, 빅테크-핀테크 기업의 대출 상품 포트폴리오를 보면서 유리한 상품을 선택할 수 있게 된다.

국내 금융 분야 우선 적용

마이데이터가 도입되면 그동안 계좌잔액, 주식 보유 수량, 카드 청구금액, 통신료 납부 내역 등을 각각의 기업이 제공하는 앱으로 개별 확인해야 했던 번거로움이 사라진다. 자신이 지정한 마이데이터 사업자를 통해 하나의 플랫폼에서 이 모든 것을 한 눈에 확인할 수 있다.

마이데이터 서비스의 핵심은 사업자가 이용자에게 응용프로그램 인터페이스(API) 방식으로만 개인의 정보를 수집하고 이를 활용하는 것이다. 기존에 금융사가 개인 정보를 수집해 왔던 스크래핑(데이터 자동추출) 방식은 전면 금지된다.

스크래핑은 기업이 고객의 정보를 활용해 대신 인증하고

금융사나 공공기관에서 필요한 정보를 가져오는 기술이다. 해당 기업이 고객의 모든 정보를 들여다 볼 수도 있고, 이를 악용할 가능성이 있다.

그러나 API는 개인 정보를 금융기관이나 정부 사이트 등에서 받아오는 데이터 전달 중개자다. 정보 전달의 주체가 데이터를 가지고 있는 기관이기 때문에 개인정보 유출을 막을 수 있다. API 방식은 소비자가 원하는 정보만 선택해서 전달하기 때문이다.

각 개인은 자발적으로 개인정보를 마이데이터 사업자에 제공하고 이를 활용해 맞춤 상품이나 서비스를 추천 받을 수 있다. 은행 입출금 및 대출 내역, 신용카드 사용 내역, 통신료 납부 내역 등 개인의 모든 금융정보들을 바탕으로 개인의 재무 현황 분석 등에 활용할 수 있다.

우리나라는 마이데이터 사업이 빠르게 진행됐다. 디지털 전환 이슈에 민감한 기업(은행, 핀테크 등)은 전사적으로 달려들어 단기간에 서비스 시행 준비를 마쳤다.

자타공히 세계 최고의 IT 선진국인 미국의 경우, 우리나라보다 오래 전부터 마이데이터 사업을 진행해 왔지만 여전히 해당 시스템 구축이 안 된 금융사들이 상당수다. 미국에서는 대다수 기업이 여전히 스크래핑 방식으로 데이터를 가져오고 있다. 그렇다면 국내 금융사는 어떤 서비스를 준비했을까. 몇 가지 예를 살펴보자.

하나금융그룹은 하나은행, 하나금융투자, 하나카드 등 계열사 서비스를 모은 '하나 합'을 출시했다. 각 계열사의 외국환, 배당정보, 내 주변 핫플레이스 등의 서비스를 결합해 하나의 자산관리 솔루션에서 마이데이터 서비스를 브랜드화한 것이다.

NH농협은행은 차량 시세부터 보험까지 한 번에 관리할 수 있는 '내차 관리'를 비롯해 NH자산플러스, 금융플래너, 연말정산컨설팅, 맞춤정부혜택 등으로 서비스를 구분한 'NH마이데이터'로 승부수를 띄웠다. 개별 금융 소비자별 관심사에 맞춰 서비스에 나섰다.

개인 맞춤형 서비스

은행권에서 추진하는 마이데이터 서비스의 공통적인 특징은 폭넓은 자산관리 솔루션을 제공한다는 점이다. 기존 은행 앱을 통해 제공되던 서비스에 부동산, 자동차 등 비금융 정보까지 통합되는 식이다.

저축은행 중 가장 먼저 마이데이터 사업자로 선정된 웰컴저축은행은 부채관리에 초점을 맞춰 결혼자금, 대환대출, 주택구입 등의 마이데이터 서비스를 제공한다.

보험사들의 경우 자산관리에 더해 특화된 헬스케어 서비스로 차별화된 마이데이터 서비스를 준비하고 있다.

핀테크 업체는 상대적으로 신규 고객 확보에 주력하고 있다. 마이데이터 시행으로 고객 데이터 확보가 수월해진 상황에서 보다 정교하고 강화된 마이데이터 서비스를 제공하겠다는 것이다. 뱅크샐러드의 통합 자산관리가 대표적인데, 마이데이터 표준 API 적용으로 인해 불편함으로 지적됐던 금융사 데이터 연동 속도를 대폭 개선시켰다.

마이데이터 사업의 영역은 추후 이커머스와 의료, 복지 분야 등으로 폭넓게 확대될 수 있다. 개인이 가진 모든 정보 · 데이터를 활용해 최적화된 맞춤 서비스를 제공하는 것이 마이데이터 사업이 근간이다.

개인이 원하는 서비스를 받기 위해 주체적으로 자신의 정보를 업체에 전달해서 개인 맞춤형 서비스를 받는 시대가 열렸다.

하늘 위 구름 같은 형태,
무형의 컴퓨팅 자원을 필요한 만큼
빌려 쓴다

12

클라우드(Cloud) 컴퓨팅은 서버, 스토리지, 네트워크 장비 등의 물리적인 전산 시스템을 구축해서 사용하는 대신, 이를 인터넷과 연결된 중앙 컴퓨터에 연결해 언제 어디서나 필요한 만큼의 컴퓨팅 자원을 활용하는 것을 뜻한다. 하드웨어와 소프트웨어를 구매하는 대신 빌려서 쓰는 것이라 생각하면 된다. 좀더 쉽게 표현하자면 각종 정보처리를 내 컴퓨터가 아닌 인터넷에 연결된 다른 컴퓨터로 처리하는 기술이다.

과거 전산 시스템을 운영하는 각 기업은 내부에 전산실을 구축해 컴퓨팅 장비를 설치해 운영했다. 특히 금융권은 엄청난 양의 금융자료 데이터 관리와 이를 활용한 금융 서비스 운영을 위해 막대한 비용이 필요했다. 서버, 스토리지, 네트워크 장비 및 데이터베이스, 보안 솔루션, 그리고 전산 운영에 필요한 인력 등에 천문학적인 비용을 쏟아 부어야만 했다.

그러나 클라우드 컴퓨팅의 등장은 기업 전산 시스템과 컴퓨팅 장비 시장에 지각변화를 일으켰다. 획기적인 비용 절감은

85

물론 현재 제공되는 모든 IT 관련 비즈니스의 발전과 확장에도 큰 기여를 했다.

언제 어디서든 필요한 만큼

클라우드는 말 그대로 구름(Cloud)을 뜻한다. 하늘에 떠 있는 구름에서 비나 눈을 내리듯이, 인터넷으로 연결된 구름과 같은 무형의 형태로 존재하는 각종 하드웨어와 소프트웨어 등 컴퓨팅 자원을 필요한 만큼 빌려서 사용하는 개념이다.

클라우드 서비스를 활용하는 기업들은 자체 전산 시스템을 구축할 필요가 없는데, 이는 주문형 아웃소싱 방식으로 IT 자원을 인터넷으로 연결해 쓰는 것이라고 생각하면 된다.

기업에서만 클라우드를 활용하는 것은 아니다. 영상, 사진, 블로그, SNS 등 개인들이 보유하고 있는 데이터량이 기하급수적으로 늘고 있어 이를 인터넷 상의 서버에 영구적으로 저장하고, 스마트폰 같은 개인의 IT 장비에는 일시적으로 보관하는 것을 우리는 이미 경험하고 있다.

이처럼 개인의 영역에서 보면 자신의 모든 데이터를 인터넷 상의 서버에 저장하고, 이 데이터를 PC, 노트북, 스마트폰 등 IT 기기를 통해 언제 어디서든 이용할 수 있게 하는 개념이 클라우드 컴퓨팅이다.

클라우드 컴퓨팅의 장점은 전산 시스템 구축과 운영 비용을 절감할 수 있다는 점이다. 비싼 하드웨어나 소프트웨어를 구입해서 이를 기업에 맞게 최적화하고 자체 전산실을 구축할 필요가 없다. 또 데이터 저장 공간이나 정보처리 용량을 유연성 있게 쓸 수 있다.

이는 개인의 경우에도 마찬가지다. 내 PC나 스마트폰에 문제가 생겨도 인터넷 서버에 저장된 사진 등을 언제든지 내려 받을 수 있고, 저장을 위해 별도의 하드디스크를 구입할 필요가 없어 유지비 절감이 가능하다.

반면 외부에 있는 클라우드 서비스 제공업체의 서버가 해킹을 당할 경우 정보 유출 등 보안 위협이 있고, 각종 재해로 인해 인터넷 접속이 끊기거나 서버에 장애가 발생하면 원활한 서비스가 불가능하다는 단점도 있다.

SaaS, PaaS, IaaS

이제 클라우드의 개념에 대해 충분히 이해했을 것이니, 한 단계만 더 깊이 들어가 보자. 처음에 설명했듯이 클라우드 컴퓨팅의 개념은 하드웨어나 소프트웨어를 빌려서 쓰는 개념이다.

무엇을 빌리느냐에 따라 제공되는 서비스가 세분화된다. 소프트웨어를 구매하지 않고 인터넷망을 통해 필요한 기능을 사용하는 경우를 서비스형소프트웨어(SaaS, software as a service)라고 한다.

　서비스형플랫폼(PaaS, platform as a service)은 인터넷으로 컴퓨터응용프로그램(애플리케이션) 설계-개발-배포에 필요한 가상의 하드웨어와 소프트웨어를 제공받아 쓰는 것이다.

　그리고 서비스형인프라(IaaS, infrastructure as a service)는 서버, 스토리지, 네트워크, 데이터베이스 등 IT 인프라, 즉 하드웨어 자원을 클라우드로 빌려 쓰는 것이다.

● **플랫폼 비즈니스**

플랫폼이 집어삼키는 세상

13

pxhere

가끔 상상을 한다. 길을 걸으면서 혹은 운전을 하면서···. 공상과학(SF) 영화에서 본 장면처럼 로봇이 걸어 다니고, 홀로그램이 말을 걸고, 생각하는 것만으로도 사물이나 서비스가 제공되는 세상을.

지금 두 눈으로 바라보는 세상은 변한 것이 없어 보이는데, 살아가는 방식은 상당히 디지털화 돼 있다.

영화에서처럼 눈에 보이지는 않지만 이미 우리 삶의 곳곳에 첨단 ICT 기술이 스며들어 있다. 인공지능(AI) 음성비서, 스마트폰 뱅킹, NFC 결제, 음식 배달, 자율주행 등 어느덧 많은 일상이 바뀐 것이다.

SF영화의 고전이 되어버린 영화 『마이너리티 리포트』를 보면 홍채인식, AI, 빅데이터 등 미래 기술의 활용이 잘 표현돼 있다. 2002년 개봉됐으니 벌써 20여년이 지났다. 그때는 영화 속 기술들이 머나먼 미래의 일인 줄만 알았는데, 조금씩 현실 세상에서 구현되고 있다.

이렇게 세상이 변하고 있는 중심에는 '플랫폼'이 있다. 서비스 제공자와 소비자가 모이는 플랫폼을 움켜쥐는 기업이 미래 산업의 주도권을 갖게 된다. 기존의 제조 기반 강자와 소프트웨어 기업들 역시 플랫폼을 만들거나, 플랫폼에 투자하기를 원하는 이유다.

플랫폼

2021년 한국의 한 플랫폼 기업이 해외 자본으로부터 의미 있는 투자를 받았다. 바로 여행 플랫폼 기업으로 떠오른 '야놀자' 이야기다. 기술 기반 여행 플랫폼 기업의 잠재력을 인정 받아 일본 소프트뱅크 그룹이 운영하는 비전펀드2로부터 2조원의 막대한 자금을 확보했다.

이 투자를 진행한 소프트뱅크비전펀드의 문규학 매니징 파트너가 중앙일보와 인터뷰한 내용을 보면, 야놀자가 거액의 투자금을 받은 이유가 분명히 드러난다. 그는 야놀자라는 기업이 AI, 빅데이터, 블록체인, 사물인터넷 등의 첨단 기술을 내재화하고 있는 기술 기업으로, 서비스 제공자와 소비자의 생산성을 모두 높일 수 있는 플랫폼이 될 잠재력이 크다고 설명했다.

야놀자에 대한 투자의 키워드는 '플랫폼'이다. 단순히 플랫폼 역할을 하는 기능을 갖춘 것은 무의미하다. 실제로 사람들이 모여들고 비즈니스가 이뤄져야 하는 살아있는 플랫폼을 만들 수 있어야 야놀자 처럼 다음 단계로 나아갈 수 있다.

야놀자 보다 먼저 투자를 받은 쿠팡 또한 차세대 이커머스 플랫폼으로 인정을 받고, 풀필먼트 시스템을 구축할 수 있는 기술기업으로 성장하고 있다. 미국 뉴욕증시 상장으로 이른바 대박을 냈다. 당장의 적자보다는 미래의 가능성을 인정 받은 것이다. 야놀자와 쿠팡 모두 한국 시장에 서비스 기반을 두고 있지만, 언제든지 글로벌 시장에서 성장할 수 있는 잠재력을 갖추고 있다. 온라인 기반 플랫폼의 시장 확장성까지 고려하고 있는 것이다.

우리나라를 대표하는 빅테크 네이버와 카카오 역시 사람들이 모이는 플랫폼을 구축했다. 포털과 메신저를 근간으로 하는 1세대 스타트업에 속하는 이들 기업은, 글로벌 플랫폼을 구축하기 위해 콘텐츠에 주목했다. 웹소설과 웹툰, 그리고 음원 등의 콘텐츠를 통해 글로벌에서 통하는 플랫폼이 되기 위해 시동을 걸었다. 양사는 북미, 동남아 등의 콘텐츠 플랫폼 시장에서 건강한 경쟁을 벌이고 있다.

KT와 같은 통신회사는 어떨까. 앞서 언급한 인터넷 서비스 기업들과 결이 조금 다르기는 하지만, 역시 플랫폼 기업으로의 전환을 앞세워 체질을 바꾸고 있다. 전통적인 음성 기반 통신 서비스에서 벗어날 수 있었던 것은 통신 인프라를 제공하는 기업이기에 가능했다. 인터넷 기업에 비해 구시대적이고, 답답한 조직문화에서 탈피하기 위해 부단히 노력하는 모습이다.

KT는 아예 회사의 정체성을 디지코(DIGICO, Digital Platform Company)라는 디지털 플랫폼 기업으로 정했다. 역시 이러한 근간은 기술력에 있다. AI, 빅데이터, 클라우드 경쟁력을 통해 사람들을 모으고, 신사업을 활성화해 살아남겠다는 의지를 엿 볼 수 있다.

SK텔레콤은 플랫폼 기업으로의 전환에 있어 조금 더 세분화되고 다이나믹한 모습을 보이고 있다. KT처럼 전사적인 선언 보다는 가상현실(VR) · 증강현실(AR) 기반의 메타버스 플랫폼, 티맵 분사를 통한 교통 플랫폼, 11번가(SK플래닛) 등을 통한 이커머스 플랫폼 등 실생활과 밀접한 다양한 분야에서 통신 점유율 1위 기업이 가지는 경쟁력을 키워가고 있다.

핵심은 기술

소비자가 모이고, 서비스 제공자들이 모이는 곳. 이를 가능케 하는 기술력이 응집된 플랫폼을 만드는 기업이 미래 산업의 주도권을 쥐는 세상이 왔다. 삼성전자나 현대자동차 같은 전통적인 대기업도 마찬가지다. 자신의 분야에서 플랫폼을 만들기 위해 집중하고 있다. 현대차와 같은 자동차 제조사들이 자동차 자체가 플랫폼이 되도록 전동화 · 자율주행화에 힘써야 하는 상황인 것처럼 말이다.

플랫폼이 형성돼야 돈이 모인다. 그 핵심은 역시 '테크(기술)'
이다. 첨단 기술이 응집돼 만들어진 플랫폼은 새로운 산업 · 비
즈니스가 아니더라도, 그 산업 자체의 가치를 끌어올려 준다.
이것이 산업 혁신으로 이어지고, 소비자의 만족도는 물론 제공
자의 생산성도 높여준다.

다시 처음으로 돌아가서, 평범한 일상을 두 눈으로 바라보
자. 오토바이를 탄 배달 라이더가 열심히 달려가고 있는 풍경
에서, 이제는 푸드테크가 보인다. AI와 빅데이터를 통한 맞춤
형 소비 분석, 첨단 네트워크 환경 아래서 주문과 배달 · 배송,
평가 시스템이 갖춰진 플랫폼 환경이 그려진다.

이러한 플랫폼 시스템과 비즈니스 모델은 해외로 진출하
고, 글로벌 시장에서 기술력으로 성장하는 우리나라의 미래 스
타트업들의 모습까지 상상해 본다.

기업들은 미래 먹거리로
'로봇'에 진심이다

삼성전자

전 세계 IT · 가전 산업의 트렌드를 이끌고 있는 삼성전자가 2022년 '로봇' 산업 집중 전략을 발표하고, 그에 맞는 조직 개편을 했다. 그동안 로봇은 주로 공장에서 제품을 조립하는 등 산업용에 집중돼 있었다. 그러나 삼성전자를 비롯한 주요 기업들이 대중 서비스형 로봇을 속속 발표하면서 스마트폰처럼 늘 곁에 둘 수 있는 시대가 가깝게 다가오고 있다.

삼성전자는 최근 로봇사업팀을 신설하고 미래 기술 사업에 3년간 240조원을 투자하겠다고 밝혔다. 로봇은 필연적으로 소프트웨어 병행 투자가 뒷받침 되어야 한다. 삼성전자의 미래 기술 사업 중에 인공지능(AI)이 포함돼 있는 이유다. 삼성전자의 AI 기술 개발은 로봇 분야와 유기적으로 이어져 진행될 것이다. 삼성전자는 지능형 반려로봇과 음식점 서빙로봇, 착용형 보행 보조 로봇 등을 개발했다.

현대자동차 역시 2022년 초 개최된 소비자가전 박람회인 CES 2022에서 자동차 대신 로봇을 전면에 내세웠다. 2021년에 세계적인 로봇 회사인 보스턴다이내믹스를 인수한 현대차는 로보틱스 기술을 모빌리티와 접목하는 사업을 추진 중이다.

CES에서 정의선 현대자동차그룹 회장은 보스턴다이내믹스의 로봇개 '스팟'과 함께 등장해 그룹의 미래 비전으로 '로보틱스'를 강조했다.

정 회장은 "매일 스마트폰을 들고 다니는 것처럼, 언젠가는 스팟(로봇)을 매일 데리고 다니게 될 것이다"라고 말했다.

LG전자도 로봇 산업을 미래 핵심 먹거리로 선정하고 서비스용 상용화 로봇 개발에 나서고 있다. 이미 2017년 선보인 자율주행 기반 안내 로봇과 이듬해인 2018년에 발표한 하체보조 근력 증강 로봇 등이 많은 주목을 받았다. 특히 2021년부터는 클로이 서브봇, 살균봇, 잔디깎이, 가이드봇 등을 현장에서 시범 운영하며 생활 속 로봇의 활용 가능성을 검토하고 있다. LG전자는 2018년 로보스타 인수와 '로봇사업센터'의 설립 그리고 2020년 미국 보스턴에 'LG 보스턴 로보틱스랩'을 설립하는 등의 행보를 이어가고 있다.

연 평균 32%. 높은 성장세

국제로봇연맹(IFR)에 따르면 전 세계 로봇 시장은 2025년까지 1772억 달러(약 210조 원) 규모로 연평균 성장률 32%의 높은 성장세가 이어질 것으로 전망된다. 시장에서 로봇의 가능성이 이미 확인되고 있고, 로봇에 대한 두려움이나 경계심도 조금씩 엷어지고 있다.

최근 우리 주변을 살펴보면, 우리도 모르는 사이에 로봇 서비스들이 조금씩 생활 편의 서비스로 스며들었다. 음식점에서 로봇이 테이블까지 음식을 서빙을 해주는 장면은 심심치 않게 볼 수 있고, 로봇 바리스타가 커피를 만들어주는 카페에서 차 한잔을 즐길 수도 있다. 로보택시라고 불리우는 자율주행 택시 시범서비스도 세종시와 서울 상암동 일대에서 이용할 수 있다.

'페퍼'를 개발해 전세계 반려 로봇 산업의 선도기업으로 나섰던 소프트뱅크가 페퍼 로봇 생산을 중단한 것은 아쉽지만, 미국 전기차 업체 테슬라가 휴머노이드(인간형) 로봇을 개발 중이고 빅테크 기업 아마존이 '아마존 아스트로' 로봇을 2021년 9월 공개하며 가정용 로봇 시장에 진출하는 등 로봇 산업은 역동적인 움직임을 보이고 있다.

국내에서는 삼성, LG, 현대차와 같은 대기업 외에도 네이버가 클라우드 컴퓨팅과 5G 네트워크를 적용한 브레인리스(뇌 없는) 로봇 서비스를 자사 제2사옥에 도입하는 등 로봇 빌딩 구축에 나서기도 했다.

첨단 IT기술의 집약체

이처럼 빅테크와 자동차·전기차 업계 그리고 물류에 특화된 로봇 기술이 필요한 커머스 업계 등 분야를 불문하고 많은 글로벌 기업들이 로봇 산업에 투자를 이어가고 있다.

아마존이 가정용 로봇 시장에 뛰어들었지만, 이 회사는 글로벌 이커머스를 이끄는 선두주자 답게 물류 분야에서 산업용 자동화 로봇 기술을 이미 수년 전에 완성했다. 현재 대부분의 이커머스 기업들은 아마존의 물류 로봇 시스템을 벤치마킹하고 있다.

로봇 산업은 첨단 IT기술의 집약체다. 로봇을 작동시키는 데에는 사물인터넷(IoT)과 인공지능, 통신 네트워크, 클라우드 컴퓨팅 등의 인프라가 맞물려 돌아가야 한다. 기업들의 기술력이 일정 수준에 도달했고, 코로나19로 인해 디지털 전환이 가속화되면서 로봇 산업 또한 급물살을 타기 시작했다. 코로나19에 따른 비대면 수요는 단기간의 트렌드가 아닌 변화에 대응하는 문화로 자리잡았다. 이러한 상황에서 IT기술이 고도화되며 복합 산업으로서 대중 서비스형 로봇의 현실화가 앞당겨지는 추세다.

비대면 문화의 시대에서 1인 가구와 비혼 가구, 자녀 없는 가구가 늘어나고 있다. 사람들은 이제 혼자 살아가는 것과 오래 살아가는 것을 준비하고 있다. 사람들은 늘 온라인에 접속해 있지만, 접촉에 대한 욕망은 해소되지 않고 있다. 이를 위한 솔루션 중 하나가 로봇이 될 것이다.

탄소중립과 ESG, 그리고 RE100

15

　기술의 발전에 따른 인류 문화의 진화는 필연적으로 지구
의 환경에 악영향을 끼쳐왔다. 인류의 삶은 편해졌지만 멸종동
물의 증가, 기후변화, 자연환경 훼손 등 모든 생명체와의 공생
측면에서는 해결해야 할 과제가 산더미처럼 쌓여 있다.

　이기적이었던 인류와 발전 지향적인 무차별 개발이 가져온
환경 재앙은 충격적이다. 환경 재앙은 인간 활동이나 자연에
의해 발생하는 재난을 뜻한다. 인간의 활동이나 사고로 인해
발생하기도 하고, 화산이나 쓰나미 그리고 지진과 같이 자연에
의해 발생하는 재앙도 있다. 일본 후쿠시마 원전사고도 이에
속한다.

　문제는 자연에 의한 재앙 역시 인간의 활동이 깊이 관여돼
있다는 것이다. 화석 연료 사용의 증가 등으로 인한 지구 온난
화와 무분별한 벌목 등이 나비효과를 일으켜 자연 재앙의 원인
이 된다.

　인간에 의해 소중한 자연 환경과 지구의 동식물들이 피해

를 입고, 결국 이는 인간 스스로에게도 치명적인 위협으로 돌아오고 있다. 그러자 각국 정부가 인류와 지구의 미래를 위해 움직이기 시작했다. 그 대표적인 활동 중 하나가 '탄소중립'(Carbon Neutral)이다.

이산화탄소 '0'

기후변화에 관한 정부 간 협의체(IPCC)는 지난 2018년 『지구 온난화 1.5도씨 특별보고서』에서 지구의 평균 온도 상승을 산업혁명 전과 대비해 1.5도씨 이하로 억제하기 위해 2050년까지 탄소중립을 이뤄야 한다고 설명했다.

탄소중립은 제조 기업이나 개인이 이산화탄소를 배출한 만큼, 이산화탄소를 흡수하는 대책을 세워 이산화탄소의 실질적인 배출량을 '0'으로 만든다는 개념이다.

각국의 정부는 지구 온난화의 주범인 이산화탄소의 배출량을 조절하기 위해 탄소중립 운동을 활발하게 시행 중이다.

제조 산업 발전의 필연적 결과로 발생하는 이산화탄소 배출량에 상응하는 수준의 숲을 조성해 산소를 공급하고, 석유 등 화석연료를 대체할 수 있는 재생 에너지 분야에 투자가 늘고 있다. 전기자동차 산업 역시 이러한 흐름에 따른 것이다.

이 외에도 기업이나 국가가 이산화탄소배출권을 구매해 배출량을 돈으로 환산해서 시장에서 거래하고, 여기에 지불된 돈은 삼림을 조성해 이산화탄소 흡수량을 늘리는 데 사용하는 등 적극적으로 움직이고 있다.

IT와 전기 산업 분야의 경우, 탄소중립과 매우 밀접한 관계를 맺고 있다. 스마트폰 사용 줄이기도 탄소중립의 실천이다.

스마트폰을 통해 데이터를 사용하는 것에도 이산화탄소가 배출되고 물과 토지가 소비된다. 디지털 경제의 원유라고 할 수 있는 데이터는 전 세계 곳곳에 있는 데이터센터를 통해 운용된다.

데이터센터를 짓기 위해 필요한 토지와 각종 컴퓨팅 장비의 냉각을 위해 사용되는 물, 그리고 전기와 석유 등 에너지원 가동으로 이산화탄소 배출량이 상당하다.

국내외 주요 IT 기업들은 데이터센터 건립에 사활을 걸고 있다. 데이터에 기반한 플랫폼 비즈니스가 대세를 이루고 있는 상황에서 데이터센터의 필요성은 더욱 높아지고 있기 때문이다. 데이터 스토리지(저장소)를 활용한 클라우드 시스템을 선점하는 것 또한 핵심 경쟁력이 될 수 있다.

데이터센터는 데이터를 저장·보관하고, 이를 매개할 수 있는 물리적 시설이다. 네트워크 및 통신장비와 스토리지, 서버 등 컴퓨팅 장비, 냉각장치 등이 집약돼 있다. 24시간 가동되며 막대한 전력을 소비하는 시설이다. 디지털 경제 시대에 데이터센터의 증가는 필연적이고 이산화탄소 배출량이 급증하는 원인이다.

전 세계의 데이터센터가 사용하는 전력은 매년 약 200TWh(테라와트시)이다. 이는 전 세계 전력 사용량의 1% 수준이다. 1%가 작아 보일 수 있지만, 이는 후진국에 속하는 일부 국가의 총 전력 사용량 보다 많은 양이기도 하다.

한국전자통신연구원에 따르면, 국내의 경우 데이터센터가 전체 ICT 산업의 전력 사용량의 20%를 차지하는 등 단일시설로는 최대 규모의 전기를 소비하는 것으로 조사됐다.

이에 따라 기업들은 '그린IT'를 내세우며 친환경 데이터센터를 설립해 탄소중립에 나서고 있다. 데이터센터를 운영하면서 냉각시설 개선(추운 지역에서의 자연 냉각, MS의 바닷속 데이터센터 등), 에너지 효율의 증대, 재생에너지의 사용과 같은 대책을 내놓고 있다.

하지만 비대면 문화의 확산으로 기가바이트 보다 1000배 많은 테라바이트 데이터 시대가 다가온 상황에서 탄소중립에 다가서기는 점점 더 힘들어 지고 있다.

앞으로의 데이터 사용량은 5G에서 6G 시대로 넘어가는 2030년경 한차례 폭발적으로 증가하며 10년 주기로 증폭될 것으로 예상되기 때문이다.

그린IT는 지구 환경을 보호하기 위해 친환경적인 성격을 띄는 IT기기나 IT기술을 통칭한다. 저전력 설계나 재활용성을 높인 IT제품, 그리고 생태계의 오염을 IT기술로 예방할 수도 있다. 이 때문에 '디지털화=친환경'라는 이미지가 형성돼 있지만, 사실 디지털화를 위해 필수적인 데이터 운용이 대기오염의 주범으로 지목되고 있다는 점은 충격적이다. 데이터센터 자체가 환경오염에 미치는 영향이 그만큼 크기 때문이다.

친환경 분야 화두

이러한 추세에서 최근 'RE100'이 친환경 분야의 화두로 떠오르고 있다. RE100은 재생에너지(Renewable Energy) 100%의 약자로, 기업이 사용하는 전력의 100%를 2050년까지 재생에너지로 충당하겠다는 국제 캠페인이다.

2014년 영국 런던의 다국적 비영리기구 더클라이밋그룹에서 발족한 것으로, 태양열 태양광 풍력 수력 지열 바이오 등에서 발생하는 에너지로 화석연료를 대체하겠다는 것이다. 이는 기업들의 자발적 참여로 진행되는 캠페인이다.

우리나라에서는 지난 2021년부터 기업 등 전기소비자가 재생에너지 전기를 선택적으로 구매해 사용할 수 있는 '한국형 RE100' 제도를 도입했다.

이렇듯 각국 정부와 주요 기업들은 친환경 정책을 세우고 움직이고 있다. 탄소중립과 함께 기업들도 ESG 경영을 추구하고 있다. 앞으로는 ESG 경영에 참여하지 않는 기업은 소비자의 선택을 받기 힘들다. ESG는 환경(Environment) · 사회(Social) · 지배구조(Governance)의 영문 앞 글자를 딴 약자다.

기업이 수익을 내는 것만 고려할 것이 아니라 환경과 사회에 얼마나 영향을 끼치는지, 어떠한 사회공헌을 하는지 따져보는 똑똑한 소비 인식이 늘면서 기업들도 이를 준수하는 움직임에 적극 나서고 있다.

국내에서는 다소 늦은 2021년 하반기부터 ESG 경영이 화두로 떠올랐으며, 향후 ESG 경영기업의 가치가 주가에 반영되는 등 시장의 관심이 커질 것으로 예상된다. 또한 국제 무역정책과 기후 목표가 한데 어울려 돌아가는 등 국제적인 친환경 정책의 활성화는 환경 재앙을 막아보고자 하는 인류의 노력을 보여주고 있다.

부동산 서비스의 디지털화

16

프롭테크는 부동산 자산을 뜻하는 영어 단어 Property와 기술 Technology의 합성어다. 우리가 실생활에서 집이나 상가를 사고팔거나 임대계약을 맺는 등의 부동산 서비스를 IT기술과 결합해 제공하는 것을 말한다.

프롭테크의 시작은 부동산 사무실에 가지 않고도 인터넷이나 스마트폰 애플리케이션을 통해 부동산 매물과 시세를 조회하고, 부동산앱 중개 서비스를 이용하는 것에서 출발했다. 부동산 서비스의 디지털화가 프롭테크의 출발이라는 것이다. 이 역시 우리가 이용하는 생활 속 경제행위가 디지털화를 거쳐 좀 더 편리하게 이용하게끔 하는 것에서 기인한 서비스다.

오늘날 '프롭테크'라는 단어에 어울리는 서비스는 인공지능(AI)과 빅데이터가 접목된 개인맞춤형 부동산 중개부터 발품을 팔지 않고도 3D 공간설계를 통해 현장을 체험하는 사이버 모델하우스 등 다양하게 발전하고 있다. 또한 스마트빌딩 시스템을 도입한 IoT(사물인터넷) 건물 관리나 건물을 쪼개서 사는 부동산크라우드펀딩 등 그 응용 분야가 무궁무진하다. 부동산 거래 정보의 관리 특성상 블록체인을 적용해 보안과 투명성을 유지하는 것도 포함된다.

프롭테크의 시초격이라고 할 수 있는 회사는 미국의 온라인 부동산 중개회사인 질로(Zillow)다. 질로는 미국 내 3000여개 도시의 공공데이터를 활용해 각 지역의 집값을 실시간으로 산출하는 서비스를 제공하면서 해당 분야를 선도했다.

국내 프롭테크 스타트업 호갱노노도 국토교통부의 아파트 실거래가와 시세를 지도 기반으로 한눈에 조회하는 서비스로 주목을 받았다. 또 호갱노노를 인수한 부동산 정보앱 1위 업체 직방은 실제 사물을 온라인상에서 똑같이 구현하는 기술인 디지털트윈을 활용해 집 내부공간은 물론, 아파트 전체 단지를 3D로 보여주는 서비스를 제공하며 가상현실(VR)과 컴퓨터그래픽(CG)을 활용하고 있다.

건설 부동산 업계의 새로운 먹거리

간략한 인증 절차의 전자계약 서비스를 통해 부동산 계약을 모바일에서 원스톱으로 끝낼 수 있는 서비스, 사이버 견본주택, 건설사의 건물/집 수주-시공-하자관리 시스템 구축 등도 프롭테크 기술 발전의 사례다.

부동산 거래 외에 건설산업에도 영향을 끼치는 것인데, 프롭테크 산업의 영역이 점차 확장되면서 건설 부동산 업계의 새로운 먹거리로 성장하고 있다.

이 외에도 최근 국내 프롭테크 스타트업들이 다채로운 서비스를 선보이고 있다.

HN(에이치엔아이엔씨)은 건축용 3D 프린터를 활용해 구축한 주거 공간을 메타버스 형태로 만들었다. 이용자들은 메타버스 공간에서 가상의 하우스 투어를 하고, 인테리어를 변경해서 적용해 볼 수 있다. 집들이처럼 친구를 초대해 현실과 같은 가상 경험을 즐길 수도 있다.

아티웰스 같은 기업은 AI 기반으로 종합부동산세 및 양도소득세 등 각종 부동산 세금을 계산하고, 부동산 증여 계획을 제공하기도 한다.

야놀자클라우드와 KT에스테이트가 공동 설립한 트러스테이는 부동산 계약 관리, 세금 신고 등 자산 관리 플랫폼을 제공한다. 이러한 서비스는 금융권과의 협업으로도 이어진다. 트러스테이가 하나은행과 임대료 정산 자동화 시스템을 구축하고, 부동산 빅데이터를 활용한 금융 서비스를 개발하는 등 금융 비즈니스 모델을 만들기도 했다.

이러한 프롭테크의 경제적 이점은 부동산 거래의 단순화를 통해 산업 자체의 효율성을 높이는 데 있다. 프롭테크는 디지털플랫폼 기반의 서비스다. 플랫폼 서비스의 가치는 서비스 제공자와 소비자, 그리고 중개업자가 디지털 공간(플랫폼)에서 상호 연결된다는 점이다. 거래비용과 시간, 그리고 생산자−소비자 간 정보의 비대칭을 줄일 수 있다. 중개업자 또한 매물 관리의 효율성을 높여 결과적으로 시장 참여자 모두 만족할 수 있는 생태계를 형성할 수 있다.

궁극적으로 프롭테크는 건설부동산 산업의 미래를 보여주고 있다. 그러나 이 과정에서 기존 오프라인 부동산 중개인의 수익 감소와 같은 신구 산업 구조간 충돌은 불가피하다. 온라인 쇼핑 활성화로 인한 오프라인 매장의 축소와도 같다.

불과 3~4년 전까지만 해도 부동산을 사려면 지역과 매출 정보, 가격, 개발호재 등의 정보를 거의 100% 중개인에 의존해야만 했다. 그러나 다양한 프롭테크 기업들이 등장하면서 시장 상황 분석과 매물의 가치 평가를 해주고, 현장을 안 가봐도 되는 증강현실 서비스를 제공하고, 이론적으로는 중개인을 통하지 않고 전자계약까지 가능해졌다.

부동산 시장에서도 비대면 거래가 활성화되면서 프롭테크가 피할 수 없는 변화의 흐름을 보여주고 있다.

3

디지털 경제 시대, 라이프IT

● **디지털 전환**

디지털화되는 우리의 삶.
그 변화의 중심에 디지털 전환이 있다

위키미디어커먼스

디지털 경제, 그 모든 것의 시작과 끝은 디지털 전환(Digital Transformation, DT)과 맞닿아 있다. 디지털 전환은 아날로그 형태의 각종 문서 등 정보를 디지털 형태로 변환해 전산화하고, 산업에 ICT(정보통신기술)를 활용해 디지털화 단계를 거치는 기업의 모든 활동이다.

비단 기업에만 디지털 전환이 적용되는 것은 아니다. 다양한 디지털 기술을 사회 전반에 적용해 전통적인 사회 구조를 혁신하는 모든 활동을 디지털 전환이라고 부른다. 일반적으로 기업에서 사물 인터넷(IoT), 클라우드 컴퓨팅, 인공지능(AI), 빅데이터 솔루션 등 정보통신기술(ICT)을 플랫폼으로 구축·활용하여 기존 전통적인 운영 방식과 서비스 등을 혁신하는 것을 의미한다.

이렇게 디지털 전환에 대해 사전적 의미로 설명해 봤다. 너무 거창한 개념이라는 생각만 들 뿐 막상 쉽게 이해가 되지 않을 수 있다. 아날로그를 디지털로 바꾸는 것이 핵심 개념이고,

디지털화로 인한 우리 삶의 터전이 변화를 맞이하는 것으로 요약해 정리하자.

디지털 전환의 쉬운 예 중 하나가 '현금 없는 버스'다. 과거에는 버스를 타기 위해 현금과 동전으로 된 버스 토큰, 종이로 된 회수권과 같은 아날로그 식으로 요금을 지불해야 했다. 그리고 20여 년 전 서울시에 카드식 교통카드가 도입됐고, 지금은 현금과 교통카드 방식으로 운영된다. 2022부터는 일부 노선에서 현금을 받지 않고 교통카드와 모바일로만 결제를 하는 시범 서비스 운영을 시작했다. 거창하진 않지만 이 역시 디지털 전환이다. 현금 결제 대신 OO페이나 모바일뱅킹을 활용한 송금 역시 마찬가지다.

주요 기업들의 경영 키워드

공장에서는 생산관리 효율화를 위해 제조 공정 및 검품·검수 자동화 등 디지털 전환을 통해 스마트팩토리를 구축하고 있다. 건물 관리에서도 사물인터넷(IoT) 등 각종 센서를 이용해 무인화 영역이 넓어졌고, 호텔에서는 객실 및 이용객 관리를 넘어 AI와 로봇 서비스 도입 사례가 늘고 있다.

사실 이렇게 눈에 보이는 영역 외에 기업 내 업무 프로세스에 대한 디지털화가 디지털 전환의 시작점이라고 봐도 무방하다. 이미 우리 사회의 디지털화가 상당히 진행된 상태에서 기존 정보들은 데이터로 변환돼 저장·유통되고 있다. 이러한 정보의 데이터화는 산업 전반에 걸쳐 확산되고, 최종적으로는 사회 전체에 퍼지게 된다.

이 과정에서 기업의 생산·유통 과정 전반이 디지털 기반으로 바뀌고 있다. 소비자 역시 각종 디지털 플랫폼을 통한 소비 활동 비중이 늘고 있다. 집 앞 편의점이나 마트를 가지 않고 쿠팡이나 마켓컬리에서 생필품을 주문하는 것처럼 말이다.

디지털 전환은 앞으로도 우리가 먹고 자고 쇼핑하고 일하고 즐기는 모든 과정의 지각변동을 예고하고 있다. 전 세계 주요 기업들의 경영 키워드가 디지털 전환인 것이 당연하다.

이처럼 디지털 전환은 우리 사회를 바꾸고 있다. 디지털 경제 시대라는 것도 디지털 전환이 가져온 경제 활동 전반을 표현하는 단어다. 모든 것이 디지털 전환되고 있고, IT기술을 활용해 우리 사회와 문화의 혁신이 진행 중이다.

지금까지 IT기술 발전이 우리의 생활과 공간에 미치는 영향을 주시해 왔다면, 이제는 디지털 전환이 가져오는 더 큰 변화에 대응해야 할 때다. 비대면 업무와 교통―통신의 진화로 도시 공간이 균형적으로 쓰이고, 주거환경 또한 재편될 수 있다. 메타버스로 가상 공간이 확대돼 기존의 공간 개념 인식도 바꿔야 하는 시대가 왔다.

온라인 플랫폼 소비문화의 혁신을
상징한다

pxhere

　소비자들은 원하는 상품이나 서비스를 이용하기 위해 한꺼번에 목돈을 들일 필요가 없어졌다. 매달 일정 금액을 지불하면 어떤 상품이든 주기적으로 제공받을 수 있기 때문이다. 이 같은 신개념 유통서비스를 일컬어 '구독 경제'(Subscription Economy)라고 한다.

　과거에는 신문이나 잡지 등의 읽을 거리를 구독하는 것을 구독 서비스라고 했다. 이처럼 일정 기간 구독료를 지불하고 상품 및 서비스를 받을 수 있는 경제활동을 구독 경제라고 부른다. 현재는 생필품, 의류, 미술작품, 정수기, 동영상 스트리밍 등 콘텐츠, 심지어 자동차 이용까지도 구독 서비스를 통해 이용할 수 있게 됐다.

　구독 경제는 온라인 비즈니스 모델을 기반으로 자리 잡았다. 이커머스의 발달로 생필품을 주기적으로 배송 받고, 자동차와 명품 의류, 예술품 및 가구 등 내구재를 원하는 만큼만 빌려 쓰는 대여 서비스를 비롯해 각종 콘텐츠(영화, 음원, 게임, 전자책 등)를 디지털 플랫폼에서 무제한으로 제공 받을 수 있다.

구독 경제라는 개념은 기업이 제품의 일시적인 판매에서 그치지 않고, 서비스를 통해 반복적인 매출을 창출하기 위해 제시됐다. 이전의 고객이 '구매자'였다면 이를 '구독자'로 전환하는 산업 환경의 전환이 2000년대 후반부터 진행됐기 때문이다. 특히 IT기술의 발달로 인한 온라인 플랫폼 소비 형태가 자리잡으면서 구독 경제는 대세가 됐다.

구독 vs. 공유

구독 경제와 공유 경제는 개념적인 차이가 있다. 공유 경제는 한 번 생산된 제품을 여럿이 공유해서 쓰는 협업 소비를 기본으로 한 경제를 의미한다. 이는 구독 경제의 유형 중 대여 서비스와 비슷한 부분이 있다. 그러나 공유 경제는 나눠 쓰기 개념이 포함되기 때문에 자동차나 빈방, 책 등을 다른 사람과 공유해 자원 활용을 극대화하는 경제활동이라는 점에서 근본적인 차이가 있다.

구독 경제와 공유 경제는 디지털 경제 시대를 떠받치는 주류 소비 형태로 각광 받고 있다. 이를 통한 경제 활동은 소비자와 기업 모두에게 큰 장점을 가져다준다. 소비자는 필요한 상품을 정기적으로 배송 받을 수 있고 고가의 제품을 필요한 기간 동안 일정 비용을 지불해 사용할 수 있어 시간과 비용을 절약할 수 있다.

기업은 소비자의 구독료를 통해 정기적인 매출을 발생시켜 안정적 수익이 가능하다. 또한 사용자의 요구를 파악해 제품 완성도를 높이는 동시에 자연스럽게 홍보효과를 가져 올 수 있다.

물론 단점도 존재한다. 먼저 소비자 입장에서는 구독해야하는 서비스가 많아지면서 고정 지출 비용이 과도하게 늘어날 수 있다. 신용카드 할부 구매의 함정처럼 가랑비에 옷이 젖는지 모른 채 주머니가 가벼워 질 수 있다. 이는 OTT의 사례처럼 한 가지 구독 서비스 분야서도 넷플릭스와 디즈니플러스, 웨이브 등 여러 OTT 서비스에 가입하는 사례에서도 나타난다.

공급자인 기업 입장에서의 단점은 소비자의 피드백에 따라 빠르게 모델 교체 주기를 가져가야 한다는 점이다. 정기배송 서비스의 경우 경쟁사 간 출혈경쟁, 대여 서비스는 상품 AS와 수선 비용, 콘텐츠 서비스에서는 콘텐츠 수급 비용의 증가에 따른 리스크가 따른다.

ICT 발전으로 일하는 방식 변화…
일하는 문화는 결국 사람이 만든다

19

이른 아침에 졸린 눈을 비비면서 일어나 혼잡한 대중교통에 시달리며 무표정하게 사무실로 출근하는 것이 직장인의 아침 풍경이다. 무사히 사무실에 출근을 하면 직장 상사의 눈치를 보고, 지루한 회의 시간을 겪어 내야 한다. 이렇게 시간이 지나다 보면 집중력을 잃기도 하고, 막상 자신의 업무 처리는 지연되기도 한다.

특히 월요일은 더 힘들다. 일하는 것 자체가 싫은 것은 아닐 것이다. 생계를 위해서 하는 일이라도, 직업 안에는 자신의 삶이 투영돼 있기 때문에 의미 없이 시간을 보내는 직장인은 드물다. 그러나 회사라는 조직 생활에 있어서는 할 말이 많다.

월요병을 앓는 이유도 회사와 그 안의 사람들과의 크고 작은 마찰에서 비롯된다. 전통적인 관점에서 보면 사무실로 출근하는 것이 맞지만, 코로나19로 인해 철통과 같았던 출퇴근 개념이 흔들리기 시작했다.

ICT 기술의 발전으로 비대면 근무에 대한 효율성 제고도 한몫 했다. 클라우드 시스템의 확산과 잘 갖춰진 통신 인프라, 줌(Zoom)과 같은 화상회의 솔루션 및 각종 협업툴의 활성화로 사무실에서 얼굴을 맞대지 않아도 언제 어디서나 일을 할 수 있게 됐다.

재택근무의 일상화

소위 '판교 밸리'로 불리는 국내 주요 테크 기업들이 코로나19 감염병 예방을 위해 재택근무를 시행하는 것도 이러한 근무 환경이 갖춰져 있기 때문이다.

넷마블, 넥슨, 엔씨소프트 등 '게임 빅3'가 전일 재택근무 전환 및 '2.5일 재택·2.5일 출근' 방식의 50% 순환근무제를 시행했다.

네이버는 2022년 1분기까지 전사 재택근무, 카카오 역시 같은 기간까지 출근·재택을 선택할 수 있는 유연근무제를 도입했다. IT 기업의 경우, 대부분의 구성원이 디지털화된 환경에 익숙해서 경영진들도 사무실 출근을 고집하지 않는 분위기다.

글로벌 빅테크 기업 구글과 애플도 재택근무 장기화를 공식화했다. 애플은 코로나19 이후 재택근무를 실시해 왔고, 2022년 2월 1일에 재택근무를 거두고 사무실 출근을 시작할 계획이었다. 그러나 코로나19 오미크론 변이가 확산되면서 추후 상황에 따라 직원들의 복귀 시점을 공지한다고 밝혔다. 구글은

2022년 1월 10일부터 주3일 근무와 재택근무를 병행키로 했지만, 오미크론 확산 영향으로 이러한 계획을 연기했다. 2022년 4월 사무실 근무를 재개한 구글은 주3일 사무실, 주2일 재택을 택했다. 애플 역시 이러한 혼합형 근무 제도를 진행 중이다.

한국마이크로소프트의 팀장급 직원은 "사무실 출근이 필요한 날을 제외하고 유연한 재택근무를 2년 가까이 해오다 보니 업무 효율성은 물론, 개인적인 용건을 틈틈이 볼 수 있다는 장점이 부각됐다. 이는 종업원 차원의 의견이 아니라, 본사 역시 업무 효율성이 더욱 좋아졌다는 평가를 내린 부분이기도 하다. 물론 영업직과 일부 지원부서 등 외부 활동이 필요한 업무에는 적용이 안되지만 재택근무에 대한 사회적 인식이 변해야 한다고 본다"라고 말했다.

고용노동부는 재택근무의 생산성에 대한 긍정적 평가를 내렸다. '2021년 고용영향평가 결과 발표회'에서 재택근무를 시행하는 사업체 10곳 가운데 7곳 이상은 코로나19 종식 이후에도 재택근무를 계속 시행할 가능성이 높다는 조사결과를 발표했다.

이에 따르면 재택근무를 시행하는 620개 사업체 대상 조사에서는 현재 수준보다 축소해 재택근무를 계속 시행하겠다는 응답이 48.4%로 가장 많았다. 이를 포함해 조사 대상 업체의 75.2%는 현재처럼 시행하든 축소 시행을 하든 재택근무를 이어가겠다는 계획이라고 밝혔다. 코로나19 사태가 마무리되면 재택근무를 중단하겠다는 곳은 11.3%에 그쳤다. 특히 재택근무 시행 기업은 2019~2020년 고용증가율이 재택근무 미실시 기업 대비 2~3% 높았다.

기대와 우려 공존

노동부는 "3명 가운데 2명 이상의 노동자가 코로나19 이후에도 재택근무를 계속 하고 싶다고 응답했으며, 특히 돌봄 책임이 있는 가정의 기혼 노동자와 젊은 층에서 상대적으로 재택근무 만족도가 높았다"고 설명했다.

사업체 입장에서는 재택근무 시행 시 상대적으로 우수한 인력을 다수 확보하고 노동자 이직을 줄여 고용안정을 이룰 수 있는 효과를 기대할 수 있다고 덧붙였다.

다만 재택근무에 대한 부정적 인식도 공존한다. 재택근무 시 구성원들의 근태 감시가 불가능해 업무 효율성이 떨어질 것을 우려하는 회사측 인식도 있고, 반면 재택근무로 인해 업무량이 더 많아진다는 근로자 측의 우려 또한 만만치 않다.

결과적으로 코로나19로 인해 우리가 일하는 환경이 변했다. 다시 모여서 함께 일할 수 있는 시기가 온다고 해도 이러한 변화가 제자리로 돌아오지는 않을 것이다.

비대면 근무 문화는 변화된 시대와 흐름을 같이한다. 화상회의나 전화만으로는 업무 이외의 교감과 소통이 힘들다. 사실 회사라는 것이 개개인이 일만 잘해서 돌아가는 것은 아니다. 프리랜서처럼 혼자 하는 일이 아니기 때문에 팀웍이 필요한 업무가 많다.

화상회의와 업무협업툴이 발전했다고 해서, 리더나 관리자의 역할이 필요 없는 것은 아니다. 업무의 결과물로 치열한 경쟁을 뚫고 소비자의 선택을 받고 생존하는 비즈니스의 기본 원리는 변하지 않는다. 변화의 속도가 빨라진 만큼 비대면 근무 시대에 맞는 문화는 결국 사람들이 새로 만들고 적응하게 될 것이다.

이용자들의 공유와 참여 철학,
새로운 비즈니스 장을 열다

20

소셜 미디어는 웹 2.0 기술과 함께 등장한 대중화된 소통을 위한 온라인 플랫폼이다. 이제는 너무나도 당연한 일이지만 월드와이드웹(www) 등장 이후 인터넷 시대가 도래 했고, 이후 웹 2.0이라는 개방적인 웹 환경이 구축되기 전까지 인터넷 상에서의 소통은 챗팅 서비스 정도가 주류였다.

웹 2.0은 누구나 데이터를 생산하고 인터넷에서 공유할 수 있는 사용자 중심의 인터넷 환경을 뜻한다.

대표적인 소셜 미디어는 페이스북, 트위터, 유튜브 등이다. 최근에는 틱톡, 인스타그램 등 영상과 이미지 기반의 숏폼 플랫폼이 두각을 나타내고 있다. 이러한 소셜네트워킹서비스(SNS)를 통해 이용자들은 서로의 정보와 의견을 공유하고, 대인관계망을 넓히고 있다.

소셜 미디어의 형태는 다양하다. 블로그 및 비디오블로그(브이로그), 팟캐스트를 비롯해 메시지 보드 또한 소셜 미디어 영역이다. 물론 SNS가 소셜 미디어 시대를 연 개척자라는 것은 누구나 아는 사실이다. 초기 SNS는 주로 텍스트 기반이었지만 이미지와 오디오, 비디오 등 다양한 형태로 발전하고 있다. 얼마 전에는 '클럽하우스'라는 오디오 기반 SNS가 돌풍을 일으키기도 했었다.

클럽하우스는 2020년 3월에 출시된 음성 기반 소셜 미디어다. 기존의 문자(텍스트) 기반 플랫폼들과는 달리 업계 관계자나 친구들과 음성 대화를 나눌 수 있는 것이 특징이다.

출시 이후 선풍적인 인기를 끌었지만, 기존 가입자가 초청해야 하는 폐쇄적인 시스템과 셀럽 위주의 소통 등 문제점으로 인기가 시들해 졌다.

다만 클럽하우스가 오디오 SNS의 가능성을 입증한 이후에 트위터, 아마존, 카카오 등 주요 SNS 기업들이 해당 시장에 뛰어드는 등 서비스 영역을 넓히는 계기가 됐다.

재미있는 것은 우리나라의 '싸이월드'가 SNS의 원조라는 사실이다. 싸이월드는 미니홈피라는 마이크로 블로그 서비스를 제공하면서, 2000년대 우리나라 SNS 절대 강자로 자리매김을 했다.

1999년 카이스트 전산학과 학생이었던 서광식이 졸업 논문 프로젝트로 개발을 시작했고, 2003년부터 각광을 받으면서 2010년대 초까지 전성기를 이어갔다. 그러나 스마트폰의 대중화로 인한 모바일 환경에 미흡한 대응으로 페이스북에 자리를 내줬다. 현재는 메타버스 기반의 SNS로 부활을 꿈꾸고 있다.

2010년대 들어와서는 페이스북과 트위터, 유튜브(구글) 등이 대세 SNS로 소셜 미디어 시장을 장악했고, 소셜 미디어는 현재의 온라인 플랫폼 비즈니스의 근간인 빅테크 기업으로 자리잡았다.

국내에서도 카카오톡(메신저) 기반의 카카오와 포털 기반의 네이버가 소셜 미디어 기반의 플랫폼 공룡으로 시장을 주도하고 있다.

공유와 참여

이처럼 소셜 미디어는 일종의 유행에 그치지 않고, 2000년대 닷컴 시대에 이은 포스트 닷컴 시대를 만들어 준 핵심 플랫폼으로 떠올랐다.

소셜 미디어의 특성인 '공유와 참여' 철학은 새로운 비즈니스를 창출하고 있다. 소셜커머스, 디지털 마케팅부터 라이브커머스, 인플루언서 비즈니스, 구독 및 공유경제 서비스 등이 소셜 미디어에서 출발했다고 보면 된다.

빠르게 변하고 있는 IT 기반 비즈니스의 특성상, 특히 관련 비즈니스의 정점에 위치하고 있는 소셜 미디어 서비스 시장의 트랜드 역시 빠르게 변하고 있다.

하향세를 그리고 있는 페이스북은 최근 사명을 메타로 바

구고 메타버스를 매개체로 도약을 노리고 있다. 페이스북이 과거 인스타그램을 인수한 것도 텍스트 SNS의 한계를 돌파하기 위한 노림수였다.

그리고 지금은 중국의 숏폼 동영상 SNS 틱톡이 동영상 SNS의 절대강자 유튜브까지 위협하고 있는 상황이다.

인스타그램 역시 유튜브와 틱톡을 경쟁자로 지목하면서 동영상 기능을 추가하는 등 현 추세에 맞는 엔터테인먼트 기능 강화에 나섰다. 이에 따라 '인플루언서' 업계도 유튜버와 틱톡커가 병행 혹은 양분하고 있다.

연예인 부럽지 않네…
SNS로 수익 기반 마련,
효과적인 마케팅 시장 창출

게티이미지

인플루언서는 디지털 경제 시대에 들어 선망의 직업이 됐다. 인플루언서는 영어 단어 influence(영향력)에 er을 붙여 '영향력 있는 사람'이라는 뜻을 가진다. 공신력 있는 기관이나 단체에서 인정받은 공인이나 연예인이 아닌 일반 사람이 유튜브, 아프리카TV 등 인터넷방송이나 SNS에서의 인지도를 바탕으로, 기업의 광고나 협찬을 하면서 돈을 버는 이들을 가리킨다.

전통적인 직업의 개념을 뒤엎은 것인데, 인터넷 기반 비즈니스가 활성화되면서 탄생한 하나의 직업군이다. 초기에는 텍스트 기반의 블로그를 통해 특정 분야에서 전문성을 갖춘 파워블로거들이 인플루언서의 주류를 이뤘다면, 이후 어린이들을 겨냥한 유튜버들이 마인크래프트 같은 게임과 장난감 리뷰 콘텐츠로 막대한 광고 수익을 올리는 오늘날 인플루언서의 개념을 확립했다.

현재는 틱톡과 같은 숏폼 영상 플랫폼이 인기를 끌면서 틱톡커들이 인플루언서의 주류로 떠오르는 경향을 보이기도 한다. 기존 유튜버들이 틱톡커로 병행 활동을 하는 경우도 많다.

플랫폼별 인플루언서를 살펴보면 유튜버(유튜브), 틱톡커(틱톡), 아프리카BJ(아프리카TV), 블로거(블로그), 페이스북 스타(페이스북, 현 메타), 인스타그램 스타(인스타그램), 트위터리안(트위터) 등 각종 플랫폼에 따라 다르게 불리운다.

중국에서는 인플루언서를 인터넷 스타를 지칭하는 '왕훙'(网红, wanghong)이라고 부른다. 인터넷을 의미하는 왕러(网络)와 인기를 뜻하는 홍런(红人, hongren)이 합쳐진 합성어다.

유망 직업으로 인식

이들 인플루언서는 10대와 20대에게 연예인 못지 않은 팬덤을 형성하고 있으며, 인터넷 연결만 돼있다면 누구나 시도해 볼 수 있다는 점에서 진입 장벽이 낮아 젊은 세대에게 유망한 직업으로 인식되고 있다.

인플루언서로 인기를 얻어 연예인이 된 경우도 있고, 반대로 연예인이 인플루언서 활동을 하기도 한다.

유명 인플루언서들은 인터넷 상에서의 막대한 영향력을 기반으로 상당한 수입을 올린다. 공식적인 광고 협찬 외에도 기업 및 상품에 대한 콜라보 형식의 콘텐츠 제작을 하고 있으며, 비난 여론이 거셌던 뒷광고(기업 협찬을 받았지만 이를 숨긴 채 제품을 홍보하는)와 같은 방법으로 소비자를 기만하는 행태를 서슴지 않기도 한다.

인플루언서는 더 이상 개인의 영역이 아니다. 미국의 인터넷 언론 비즈니스인사이더는 전세계 인플루언서 마케팅 시장이 2022년 150억달러(한화 약 18조원) 규모로 성장한다고 전망했다.

유명 인플루언서들은 어린이들 및 유튜브를 보면서 유년시절을 보낸 10대, 20대들에게 상당한 영향력을 행사하고 있는 등 문화적 측면에서 트렌트 세터로 자리잡았다.

이러한 현상이 이어지면서 게임 및 장난감 리뷰 유튜버가 어린이들을 대상으로 막대한 수익을 올리게 되자 이를 기업형으로 키운 성공사례도 많다. 아예 연예인 기획사처럼 인기 유튜버들을 영입해 운영하는 회사들도 우후죽순 생겨났다.

인플루언서라는 뜻 자체가 SNS 상에서 영향력 있는 사람을 뜻하기 때문에, 이들의 활동이 수익활동으로 연결되는 것은 디지털 경제 시대에 당연하다고 볼 수 있다.

기업이 자사의 상품을 홍보하기 위해 TV와 같은 매체에 몸값이 비싼 연예인을 동원해 CF를 내보내는 것 보다, 인플루언서 마케팅은 훨씬 저렴한 비용으로 더 효율적인 광과 홍보를 할 수 있다. 다만 일부 인플루언서의 경우, 수익과 인지도만을 중요시하는 경향이 있어서 안전성이 입증되지 않은 제품을 홍보하는 등의 부작용이 끊이지 않고 있다.

그러다 보니, 인플루언서 마케팅 시장에도 가상인간이 빠르게 장악하고 있다. 사생활 논란이 없는 가상인간이 광고 시장에서 연예인들의 자리를 위협하고 있는 상황이다. 특히 가상 인간은 SNS와 인터넷 미디어에 더욱 특화되어 있기 때문에, 뒷광고와 같은 편법이나 일부 인플루언서의 일탈 등에서 자유로운 '버추얼 인플루언서'의 인기가 차츰 높아지고 있다. 물론 가상인간은 수익활동을 전제로 하는 기업이 제작하기 때문에 순수한 의미의 영향력을 갖고 있다고 보기는 힘들다.

이커머스의 새로운 트렌드…
소비자와 기업이 라방에 빠진 이유는?

22

라이브커머스

라이브커머스는 온라인 스트리밍 방송으로 소비자와 직접 채팅을 하면서 상품을 소개하고 판매하는 것으로 이커머스(전자상거래)의 한 형태다. 모바일 중심으로 소비자와 쌍방향 소통이 가능한 것이 특징인데, 이러한 소통과 쇼핑을 결합해 '재미'를 극대화 한 것이 라이브커머스 성공의 요인이다.

라이브커머스는 '라방'(라이브방송)이라고 줄여 부르기도 한다. 기존 TV홈쇼핑과의 결정적 차이점이 있다면, 모바일 실시간 소통에 특화된 MZ세대를 주요 고객으로 삼고 있다는 것이다.

단순히 물건을 소개하고 판매하는 쇼핑에 그치지 않고, MZ 세대를 대상으로 한 새로운 쇼핑 문화를 창출함으로써 기업들은 새로운 비즈니스 기회를 만들고 있다.

유통업계에서는 라이브커머스 시장이 2021년 3조 원에서 2023년 10조 원 규모로 성장할 것으로 전망하고 있다.

라이브커머스는 스트리밍 방송에 소비자들이 참여하고, 출연자 또한 광고 모델과 셀럽, 인플루언서 등으로 정형화된 홈쇼핑 진행과 다르다는 평가를 받는다. '놀면서 쇼핑을 즐기는' 일종의 소셜 미디어 문화를 이끌어 낸 것인데, 홈쇼핑을 앞지르는 성과를 내면서 시장의 판도를 바꾸는 게임체인저가 됐다.

직접 경쟁은 홈쇼핑

상대적으로 규제에서 자유롭다는 것이 라이브커머스가 사랑 받는 이유다. 라이브커머스는 온라인상에서 이뤄지는 서비스기 때문에 이커머스의 일종이지만, 형식은 홈쇼핑과 유사하다. 직접적인 경쟁 서비스를 홈쇼핑으로 본다.

이 둘 서비스는 전자상거래법, 표시광고법, 식품표시광고법 등 소비자보호법 적용 대상이다. 그러나 홈쇼핑은 방송 프로그램으로 보기 때문에 방송법 및 이와 연관된 업체·상품 품질 보증, 광고표현 수위 등을 심의 받아야 한다.

반면 라이브커머스는 이러한 제약에서 조금 더 자유롭다. 이에 따라 출연자(판매자)들이 더 자극적이고 재미있는 진행을 할 수 있다.

유튜버 등 인플루언서들이 라방을 통해 직접판매에 뛰어들 수도 있고, 재미있는 요소를 곁들여서 광고 협찬 대신 판매 수익을 낼 수 있는 터전이 마련됐다.

그렇기 때문에 기업 입장에서도 MZ세대 소비자를 공략하는 동시에, 디지털 마케팅 강화 측면에서 라이브커머스에 관심을 기울이고 있다.

중소 판매자·기업들은 물론 중견기업들 역시 관심을 보이고 있다. 홈쇼핑의 경우 40% 수준의 높은 수수료를 받지만, 라방은 10% 수준의 수수료를 받고 있다. 여기서 아낀 비용으로 참여기업들은 다양한 할인 프로모션이나 인플루언서와 협업을 할 수 있다. 상품도 팔고 홍보 효과도 톡톡히 누릴 수 있는 플랫폼인 것이다.

소통이 쌓여 팬덤까지

2021년 말 카카오가 인수한 라이브커머스 플랫폼 기업인 '그립' 관계자는 이렇게 말한다. "라이브커머스는 단순히 물건을 파는 것이 목적이 아니다. 생방송에서는 판매자가 소비자의 요청에 호응해 직접 상품을 체험한다. 그 과정에서 소비자들은 상품의 대한 관심뿐 아니라 판매자에 대한 호감도도 높아진다. 판매자는 실시간으로 올라오는 댓글에 일일이 소비자 닉네임을 호명하며 반응하고 그러한 소통이 쌓여 급기야 판매자에 대한 팬덤까지 형성된다."

라이브커머스가 플랫폼 비즈니스의 한 축으로 자리매김하면서 이커머스 사업을 하는 기업들도 활발하게 움직이고 있다.

네이버쇼핑라이브, 라이브 11(11번가), 티몬 라방, 배민쇼핑

라이브, 이베이코리아 라이브 방송, 위메프 브랜드 라이브 등 알 만한 기업들 대부분이 참여했다.

빠른 성장에 따른 부작용도 생각해 볼 필요가 있다. 방송매체가 아닌 통신매체로 분류되기 때문에 규제에서 자유롭다는 장점이 한편으로는 소비자 피해로 이어질 수도 있다.

라방 플랫폼 사업자들은 통신판매중개자로 규정돼 상품결함에 대한 분쟁시에 책임을 회피할 수 있다. 라방의 허위과장 광고 우려도 높아지고 있는 상황이다. 라이브커머스처럼 신규 플랫폼 사업에는 늘 이러한 규제 공백 딜레마가 존재하기 따름이다.

앱 생태계 만든 구글과 애플…
사악한 인앱결제 독과점 이슈로 '낙인'

플리커

우리는 스마트폰에서 필요한 애플리케이션(Application, 응용 프로그램)을 애플리케이션(앱) 마켓에서 다운로드해 사용한다. 셀 수도 없을 만큼 많이 개발된 다양한 분야의 앱들을 취향에 맞게 앱 마켓에서 골라서 사용하면 된다.

스마트폰은 컴퓨터의 축소판이다. 초창기 스마트폰은 휴대전화 기능에 일정관리, 카메라, MP3 기능 등을 추가하고, 인터넷 접속을 통해 이메일 및 검색 등의 데이터 통신 서비스를 활용할 수 있어서 당시 사람들을 놀라게 했다. 스마트폰이 기존 일반 휴대폰과 근본적으로 다른 부분은, 개인용 컴퓨터와 같이 모바일 운영체제(OS)를 탑재해 필요한 앱을 설치해서 사용할 수 있다는 점이다. 앱 마켓은 이러한 앱들을 진열해 놓고 판매하는 일종의 온라인 장터다.

지금은 스마트폰을 통해 너무나 당연하게 할 수 있는 일들이, 불과 10여 년 전에는 깜짝 놀랄만한 생활혁신이었다. 스마트폰발(發) 모바일 혁신은 창의적 사업가들이 만들어 낸 앱들을 통해 빠르게 가속화되기 시작했다. 교통, 쇼핑, 배달, 의료 등 생활 편의를 높여주는 앱들과 게임, 음원 등 엔터테인먼트 앱 등은 해당 산업의 성장에도 큰 영향을 끼쳤다.

특히 앱 마켓은 모바일 생태계에 매우 중요한 역할을 했다. '구슬이 서말이라도 꿰어야 보배'라는 속담처럼, 뛰어난 앱이 있어도 이를 사용자들이 선택할 수 있게 유통해 주는 채널이 필요했기 때문이다.

독점 문제 도출

대표적인 앱 마켓으로는 모바일 OS에 따라 구글의 안드로이드 계열은 '구글 플레이스토어', 애플 iOS 기반으로는 애플 '앱스토어가' 있다. 이 외에 각 스마트폰 제조사들이 직접 운영하는 앱 마켓 및 이동통신 3사가 연합해 만든 '원스토어' 등은 대부분 안드로이드 OS 기반으로 운영되고 있다.

앱을 사고 파는 장터 답게, 앱을 개발한 기업(혹은 개인)은 앱 마켓에 자신들의 앱을 등록해서 사용자들에게 판매한다. 그리고 가게세 개념으로 수수료를 앱 마켓 운영사인 구글이나 애플에게 지급한다.

문제는 구글과 애플이 앱 마켓 시장을 독점하고 있다는 점이다. 국내 앱 마켓 시장 점유율은 2020년 기준 구글 66.5%, 애플 21.5%로 88%를 차지한다.

토종 앱 마켓인 원스토어가 낮은 수수료 혜택을 내세워 10% 수준으로 점유율을 늘리고 있지만, 앱 수급 등에서 규모의 경제를 쫓아가지 못하고 있다. 글로벌 상황도 이와 비슷해 구글과 애플이 독점적인 지위를 형성하고 있다.

양 사가 시장에서 독점적 지위를 차지하면서 문제가 발생했다. 양사 모두 독점적 지위를 이용해 자사 앱 마켓에서 인앱결제*(In-app payment) 강제 정책을 내세우며, 30%라는 높은 수수료를 부과한다는 점이 논란이 됐다. 앱 개발사들이 직접 물건을 팔지 못하도록 조항을 넣고, 자사의 앱 마켓에서만 결제할 수 있도록 강제한 것이다.

이는 인기 게임 『포트나이트』 개발사 에픽게임즈가 애플 앱 스토어에 대한 소송전을 벌이면서 이슈의 중심이 됐다. 그리고 우리나라 정부가 세계에서 처음으로 2021년 8월 31일에 애플과 구글의 인앱결제 강제를 금지하는 법안을 통과시켜 반향을 일으켰다.

구글의 경우 2011년부터 2021년 9월까지 국내 앱마켓(플레이스토어)를 통해 8조5,000억 원 규모의 매출을 올렸다. 이 중 인앱결제 수수료가 8조1,834억 원으로 전체 매출의 96%에 달한다.

---

* 앱 마켓 운용사가 자체적으로 마련한 결제 시스템이다. 앱 사용자가 외부 결제 페이지로 넘어가지 않고 앱 안에서 결제가 이뤄져 인앱결제라고 한다.

시장 창출에 기여

다만 구글과 애플은 앱 마켓 사업을 운영하면서 위법을 저지르지는 않았다. 실제로 애플은 아이폰과 iOS로 오늘날 스마트폰 시대를 열었고, 애플발(發) 스마트폰 혁신은 세상을 바꾸어 놓았다.

지금의 모바일 시대는 애플이 그 틀을 닦아 놓았다고 해도 과언이 아니다. 애플 앱스토어 또한 현재의 앱 생태계를 만들어 낸 기반임을 부정할 수 없다. 이후 구글이 안드로이드폰 진영을 구축해 시장의 파이를 키웠다.

앱 마켓 시장 초기에는, 앱 개발사들이 자사 앱을 소비자에게 전달하는 데 있어 애플과 구글 앱 마켓 수수료 30%를 적절하다고 평가했다. 심지어 효과 대비 저렴하다는 이야기가 나오기도 했었다. 그러나 시장이 빠르게 커지고 중소 개발사의 참여가 늘어나면서 앱마켓 수수료 30%는 너무 비싼 통행료가 됐다.

소비자와 개발사의 성토가 이어지면서 애플과 구글의 앱 마켓 정책은 반독점 이슈의 중심에 섰다. 앱 생태계를 만든 이들 기업의 기여도는 인정하지만, 앱 개발사가 만든 콘텐츠만을 유통하면서 독점적 지위를 내세워 막대한 수익을 벌어들인다는 비난을 받고 있다.

세계 최초로 앱 마켓 운용사에게 자사의 결제 시스템을 강제하도록 하는 인앱결제를 금지하는 법을 시행한 한국의 사례

이후, 미국과 유럽 등 각국에서 앱 마켓의 인앱결제 규제 관련 법안이 연달아 나오는 추세다.

코너에 몰린 구글과 애플도 어쩔 수 없이 개선책을 들고 나왔다. 구글과 애플은 자사 인앱결제 외 다른 결제 방식을 선택할 수 있는 제3자 결제를 일부 국가에서 허용키로 했다.

그러나 기존 30%의 수수료률 보다 고작 3~4% 낮은 제3자 결제 수수료율로 꼼수라는 지적을 받고 있다. (중소 개발사에는 15% 수수료율을 적용하는 정책을 발표하기도 했지만, 앱 마켓 총매출 측면에서 볼 때 의미 있는 수수료 인하 방안이라고 볼 수 없어 이 역시 꼼수라는 비판을 받는다.)

이러한 추세를 볼 때, 향후 앱 마켓 운용사들의 독점적 지위 악용은 차츰 사라질 것으로 기대된다. 앱 개발사가 직접 결제 시스템을 구축하면 더 낮은 비용으로 앱을 판매할 수 있게 되고, 소비자들의 결제 선택지도 넓어진다.

각국 정부 역시 앱 마켓 같은 플랫폼 비즈니스 기반의 서비스가 대중화됨에 따라, 필연적으로 발생할 수 밖에 없는 반독점 논란에 적극 대응하고 있다.

● OTT

넷플릭스로 대표되는
미디어 플랫폼 서비스,
비대면 문화 확산으로 '활짝'

24

픽사베이

전세계적인 넷플릭스 붐으로 온라인동영상서비스(OTT) 시장이 활짝 열렸다. OTT(Over The Top)는 개방된 인터넷을 통해 방송 프로그램이나 영화, 애니메이션 등 미디어 콘텐츠를 제공하는 서비스를 일컫는다.

원래 OTT라는 용어는 케이블TV 시청에 필요한 셋톱박스 장비를 뜻하는 것으로 지상파 방송이 아닌 케이블 및 위성방송 서비스를 제공하는 서비스를 지칭하는 것이었다. Over the Top에서 'Top'은 TV용 셋톱박스로 이를 장착해야 시청이 가능한 방송 서비스였는데, 오늘날에는 인터넷 통신망의 발달로 TV뿐 아니라 PC나 스마트폰 등에서 스트리밍을 통해 제공되는 미디어 서비스를 OTT라고 일컫는다.

OTT는 디지털 경제 시대의 한 축인 플랫폼 기반 서비스라는 점에서 새로운 미디어 산업군을 형성했다. 초기의 OTT 서비스는 인터넷 기기를 통해 기존 TV 프로그램의 재방송 위주의 주문형비디오(VOD)를 제공하는 단순한 방식이었다. 그렇지만 OTT 시청 단말기가 인터넷 기기에서 TV, 스마트폰으로 확산되면서 현재는 자유로운 소재를 다루는 자체 프로그램을 직접 제작하고, 플랫폼 활성화로 안정적 수입을 올릴 수 있는 대세 콘텐츠 유통 플랫폼이 됐다.

바쁜 현대인에 맞춤 콘텐츠

OTT 또한 코로나19로 인한 비대면 문화의 확산과 밀접한 연관성을 가진다. 재택근무와 온라인 수업에 대한 거부감이 줄어들고, 오프라인 모임이나 단체 활동이 감소했다. 각 개인들은 독립된 공간에서 혼자만의 시간을 재미있고 즐겁게 보낼 방법 중 하나로 OTT를 선택했다.

우리나라뿐 아니라 전세계적으로 가장 유명한 OTT 서비스는 넷플릭스다. 『오징어게임』이나 『지옥』『DP』『킹덤』 같은 국내 넷플릭스 자체 제작 콘텐츠가 전 세계적으로 주목을 받았다. 이 외에도 볼 거리가 풍부한 콘텐츠로 넷플릭스는 승승장구하고 있다.

OTT의 장점은 소비자가 좋아할 만한 콘텐츠를 제공하는 엔터테인먼트 우선주의 전략과 더불어, 시청 시간과 공간에 제약이 없다는 것이다.

바쁜 현대인들에게 맞는 서비스로 원하는 콘텐츠만을 골라서, 원하는 시간과 장소에서 볼 수 있다. 의무 편성 등 시청

률과는 무관하게 지루한 프로그램을 내보내는 기존 TV 프로그램이 외면 받는 사이에 OTT는 새로운 콘텐츠 플랫폼 산업으로 급성장했다.

넷플릭스는 전통적인 콘텐츠 강자 디즈니의 시가총액을 넘어서며 '세계 최대의 엔터테인먼트 기업'이라는 타이틀을 획득했다. 전 세계 2억명이 넘는 가입자를 확보한 넷플릭스가 선도하는 OTT가 콘텐츠 소비 장식의 대세로 자리잡으면서 디즈니와 아마존, 유튜브 등 콘텐츠 강자들이 OTT 서비스에 나서고 있다.

국내에서도 자체 제작 콘텐츠 제작 등 한국형 콘텐츠를 앞세워 글로벌 시장에서 입지를 넓히고 있는 토종 OTT 기업이 등장하고 있다.

웨이브, 티빙, 왓챠, 카카오TV, 씨즌, 쿠팡 플레이, 네이버 시리즈온 등 다양한 OTT 플랫폼이 등장했다.

월 구독 방식

OTT 서비스는 매달 일정 금액의 구독료를 내는 방식으로 운영된다. 적게는 9,900원의 비용을 내고 고품질의 영화, 드라마 등을 볼 수 있다.

다만 각 OTT를 대표하는 콘텐츠가 다르기 때문에 소비자 입장에서는 OTT 구독료 부담이 높아지는 부작용도 생긴다.

예를 들어, 넷플릭스의 오징어게임과 디즈니플러스의 애니메이션 등 각 OTT 독점 콘텐츠를 보기 위해서는 양측에 구독료를 모두 내야 하는 상황도 발생하게 된다. 결코 싸다고 할 수 없는 복잡하고 번거로운 서비스로 변질될 가능성이 있다.

한국소비자원의 2021년 6월 조사에 따르면, 2개 이상의 OTT를 이용하는 국내 소비자는 53.6%으로 나타났다. 이 때문에 요금제 품앗이를 하는 구독 공유 플랫폼이나 각 OTT에 분산된 콘텐츠를 통합해서 검색하는 플랫폼이 등장하기도 했다. 한국수출입은행은 전 세계 OTT 시장 규모를 2021년 기준 149조3,100억 원 수준으로 전망했다.

단순 시청 서비스 외에도 OTT는 타산업과의 연계로 몸집을 불리고 있다. 넷플릭스의 게임 구독 서비스가 대표적이다. 막대한 가입자를 기반으로 게임 산업과의 이종결합이 진행 중이다. 자사의 자체 제작 콘텐츠를 활용한 게임 개발로 대외적인 수익 창출도 가능하다. 현대자동차와 CJ ENM의 자율주행차용 OTT 콘텐츠 제휴도 이종결합의 한 예다.

● **디지털 유산**

우리가 남기는 디지털 기록,
어떻게 처리해야 하나?

25

유산(遺産)의 사전적 의미는 '죽은 사람이 남겨 놓은 재산' '앞 세대가 물려준 사물이나 문화'다. 돈이나 집과 땅 같은 부동산, 조상들이 만들어 놓은 문화 유산 등이다. 그리고 디지털 시대에서는 디지털 유산이란 것이 생겨났다. 유산 상속 관계에 있는 사람이 디지털 공간에 남긴 흔적은 물론, 가상자산처럼 실질적으로 현금화가 가능한 디지털 유산 처리에 대한 논의도 본격화되고 있다.

디지털 유산은 세상을 떠난 사람이 생전에 디지털 기기나 소셜네트워크서비스(SNS), 블로그 등 인터넷 공간에 남긴 흔적을 의미한다. 그 사람의 계정에 포함된 게시물, 사진, 동영상부터 게임 아이템이나 비트코인 NFT 등 가상 자산이 이에 해당된다.

글로벌 IT 기업인 구글, 메타(구 페이스북), 애플은 이와 관련해 세상을 떠난 사용자의 가족과 지인이 해당 계정에 접근할 수 있도록 하고 있다. 구글은 이미 2013년부터, 메타는 2015년에 이러한 정책을 운영하고 있다. 애플은 2021년 연말이나 되어서야 이를 허용했다.

사전 지정, 사후 관리

구글은 최초로 디지털 유산 정책을 도입했다. '휴면계정관리' 서비스를 선보인 것. 이 서비스를 통해 휴면계정 관리자를 사전에 지정할 수 있으며, 구글 계정 사용자 사망 시에 해당 계정의 접근 권한이 넘어가도록 했다. 사전 지정이 안 돼 있어도 가족의 요청에 따라 디지털 유산을 넘겨줄 수 있다.

메타는 대리인을 사전에 지정해 두는 '사후 연락자' 서비스가 있다. 이 대리인은 계정 주인 사망시에 페이스북 내 디지털 유산 상속 여부를 결정할 수 있다.

애플은 사용자가 사망했을 때를 대비해 '사전 지정' 방식으로 아이폰 및 클라우드 서비스에 접근할 수 있는 사람을 5명까지 지정한다. 이들은 사망자의 사진, 영상, 전화번호 등을 열람하고 관리할 수 있다.

독일과 같은 일부 해외 국가에서는 일찌감치 디지털 유산을 법적으로 보호하고 있는 곳이 있다. 미국에서도 로드아일랜드, 인디애나, 오클라호마, 코네티컷 등 여섯 개 주가 디지털 유산 상속을 법적으로 보장하고 있으며 다른 주들 또한 입법을 추진 중이다.

반면 국내 기업들은 아직 디지털 유산에 대해 소극적인 태도를 보이고 있다. 삼성전자, 네이버, 카카오 등 국내 주요 IT 기업들은 관련 법 규정이 마련돼 있지 않기 때문에 별다른 정책을 수립하지 못한 상황이다.

삼성전자는 유족에게 스마트폰 비밀번호를 풀어줘 데이터를 백업하는 정도이며, 네이버와 카카오는 유족에게 사망자의 회원 탈퇴 정도를 지원해 주는 수준에 그친다.

이는 국내 법에서 디지털 유산 상속이 제한되는 일신전속권(특정 권리 주체만이 행사할 수 있는 권리)으로 사용자 본인에게만 권리가 있다고 보기 때문이다.

여기에 더해 고인의 사생활 침해에 대한 '잊혀질 권리'와 디지털 유산 상속이 대척점에 있다. 우리나라에서는 정보통신망법과 개인정보보호법에서 당사자 사후에 다른 사람이 온라인상 권리를 행사할 수 없도록 하고 있다.

법적 장치가 필요한 시점

디지털 유산의 중요성은 최근 들어 더욱 부각되고 있다. 디지털 유산이 스마트폰에 저장된 사진이나 동영상, 그리고 SNS에 남겨진 게시물 등 추상적인 기록에 한정되지 않기 때문이다. 조만간 현금화가 가능한 암호화폐나 NFT 작품 등에 대한 유산 상속 처리 문제가 발생할 수 있기 때문이다.

현물 재산의 상속처럼 돈이 관계된 유산 처리는 매우 민감하다. 디지털 유산에 포함시킬 수 있는 암호화폐의 경우, 그 보유자가 사망할 경우 비트코인과 같은 해당 자산은 무용지물이 된다.

유족이 사망자의 비트코인을 찾으려 해도 가상화폐 전용계좌인 월렛의 암호가 필요한데, 64자리에 이르는 암호는 단 한 번만 발급된다. 또 발급과정에서 개인정보를 입력하지 않기 때문에 다른 계정정보와 같이 인증 등의 절차를 통한 재발급도 불가능하다.

가상 자산이 실물 자산과 같은 가치를 인정 받고 있는 상황에서 디지털 유산에 대한 법적인 정책 마련이 필요한 시점이다.

쏟아지는 디지털 정보, 무엇을 어떻게

26

pxhere

어느 시대를 막론하고 정보력은 부와 권력을 축적하는 중요한 삶의 수단이 돼왔다. 특히 정보가 넘쳐나는 디지털 경제 시대에서는 변별력 있는 정보 습득 능력이 더욱 중요해 졌다. 다양한 미디어와 애플리케이션 등을 통해 돈이 되는 정보, 건강에 도움이 되는 정보, 여가에 필요한 정보 등을 얻어서 이를 적극 활용할 수 있게 됐다.

그러나 스마트폰과 같은 IT 기기의 확산으로, 과거 책이나 신문 등 긴 문장으로 정보를 취득하던 때와 상황이 달라졌다. 인터넷이나 동영상 콘텐츠를 통해 정보를 습득하는 디지털 세대의 등장은 장문의 글이나 긴 영상을 기피하는 현상을 자아냈다. 문제는 문해력 저하라는 우려가 현실화되고 있다는 점이다.

2021년 OECD(경제협력개발기구)의 보고서에 따르면, 우리나라 학생들이 OECD 37개 회원국 중에서 주어진 문장에서 사실과 의견을 식별하는 능력에서 최하위를 기록했다. OECD 회원국

학생의 평균 식별률이 47%였는데, 우리나라 학생들은 25.6%에 그쳤다. 읽기 능력이 현저히 떨어졌다는 증거다.

인터넷-IT 강국이라고 자부했던 결과, 청소년 세대들의 IT 기기 접근성이 높아졌고 학습 및 정보 접근을 스마트폰이나 패드에 의존하다 보니 책과 같은 장문의 글을 이해하지 못하고, 기피하게 된 것이다.

디지털 문해력

문제는 고도의 디지털 사회로 발전하면 할수록 문장의 독해력을 높이는 것이 중요해 진다는 점이다. 단문 요약이나 숏폼 영상만으로는 올바른 정보를 습득하는데 한계가 있다. 디지털 시대에는 엄청난 양의 정보가 쏟아져 나오는데, 잘못된 정보를 스스로 걸러내고 유익한 정보를 학습하고 이해하는 능력이 더 중요해질 수 밖에 없다.

그렇기 때문에 디지털 미디어(플랫폼)를 접하면서 정보를 비판적으로 이해하고 평가하고 조합해서 자신의 생각을 책임 있게 표현하고 소통할 수 있는 능력 '디지털 리터러시'(Digital literacy)가 필요하다. 디지털 리터러시는 디지털 문해력이라고도 한다. 디지털 시대가 된 만큼 IT기기를 통한 정보 습득 자체를 부정하기 보다 이를 어떻게 긍정적으로 활용할 것인지에 초점을 맞춘 것이다.

디지털 리터러시는 전통적인 문해력의 개념을 대체한다기보다, 각종 디지털 미디어와 콘텐츠를 다루고 정보를 가공하는 일까지 범위를 확장한 것이다. 즉 정보를 읽고 쓰는 것에서 미디어를 통해 쏟아져 나오는 정보에 접근해 이를 평가하고 분석해서 개인과 사회의 문제를 해결하는 능력을 뜻한다.

최근 코로나19의 영향으로 초중고 학생들이 가정에서 온라인 수업을 받은 결과, 학업 능력이 저하되는 현상이 발생했다. 다양한 원인이 있겠지만 역시 온라인 수업에 따른 집중력 저하가 가장 큰 문제점이었다.

이러한 현상은 결국 교육의 격차로 이어지고, 더 나아가 사교육 의존도를 높여 빈부 격차에 따른 교육의 질에 영향을 줄 것으로 우려된다. 디지털 리터러시는 이러한 사회적 문제를 해결하고, 정보의 격차를 줄이는 데 반드시 필요한 요소가 된 것이다.

이 때문에 학교 차원에서 디지털 리터러시 교육 과정 및 해당 프로그램을 운영하고, 학습 제공자인 교사의 능력 함양을 위한 연수 등 체계적인 교육 방안 마련이 시급하다.

나아가 학교 뿐 아니라 평생 교육 차원으로 디지털 리터러시 교육이 논의돼야 한다는 의견이 나온다. 앞서 말한 정보의 격차 해소를 위해서다.

디지털 경제 시대에서 정보의 격차는 계층간의 소득 불평

등의 원인이다. 국가간에도 디지털 플랫폼 활용의 격차가 나라의 경제적인 경쟁력 격차로 이어지는 것이 현실이다. 청소년층은 물론 노년층 모두 정보를 원하지만, 디지털 플랫폼 접근성이 제한되는 경우가 있다. 저소득층, 장애인, 고령층 등 취약계층은 정보의 접근과 분석, 비판에서 취약할 수 밖에 없다.

디지털 리터러시 교육의 확산은 이러한 사회적 문제를 해소하는 동시에 국가 경쟁력 강화의 필수요소라고 할 수 있다.

PART

4

조금 더 깊이 파보는 기술 트렌드

● **모빌리티**

모바일에서 모빌리티로

지난 2009년 우리나라에 아이폰이 공식 출시되면서 본격적인 모바일 시대가 열렸다. 아이폰 출시와 함께 국내에서 스마트폰은 빠른 속도로 대중화됐다. 과거에는 불가능했던 일들이 '내 손안의 PC' 스마트폰을 통해 가능해지면서 모바일 혁신이 일어났다.

지금은 당연한 일이지만 불과 10여년 전에는 상상 속에서나 가능했던 일들이 많았다. 모바일 뱅킹 서비스로 굳이 은행 창구에 가지 않아도 되자, 카카오뱅크와 같은 인터넷은행이 등장했다. 이는 금융 산업의 지각 변동으로 이어졌다.

또한 모바일을 활용한 전자상거래 산업이 오프라인 유통망을 뒤흔들고 있다. 셀 수 없을 정도로 많은 O2O(온오프라인 연계) 서비스들, 각종 생활밀착형 서비스가 스마트폰이라는 내 손안의 기기를 통해 제공되고 있다.

너무 많은 혁신이 일어나서 일까? 모바일 시대라는 표현은 이제 구시대적인 느낌마저 든다. 최근 시장에서는 모바일 대신

모빌리티에 더 많은 관심을 보이기 시작했다.

모빌리티의 핵심은 이동수단이다. 스마트폰 안의 혁신은 포화상태에 이르렀기에, 그 연장선 상에 있는 모빌리티로 첨단 기술과 서비스들이 옮겨가는 듯한 모습이다.

국내 전체 이동통신 가입자 수는 7,000만 명을 훌쩍 넘어섰다. 이동통신 가입자가 국민 1인당 1대를 넘어선 지 오래다.

2021년 7월 기준 국토교통부가 집계한 국내 자동차 등록 대수는 2,470만대를 돌파해 약 국민 2.2명 당 차량 1대를 보유하고 있다. 여전히 구형 차량이 많지만 이 정도 보유 비율이라면 미래 모빌리티 시장의 잠재력은 충분하다.

스마트폰에서 자동차로

우리가 경험하고 있는 모바일 혁신은 스마트폰 보다 더 큰 플랫폼을 제공할 수 있는 자동차, 즉 모빌리티로 확산되고 있다.

자동차 업계는 내연 기관 차량에서 전기차, 자율주행차, 커넥티드카 등 스마트카로의 전환에 여념이 없다.

테슬라의 전기차는 단순 이동수단을 넘어, 전기를 생산해 내거나 데이터를 모아서 비즈니스화 하는 플랫폼으로 거듭나고 있다. 그리고 미래 모빌리티 환경에서는 이동수단 안에서 콘텐츠, 헬스케어, 이커머스, 업무 등 다양한 분야의 활용이 가능해진다.

플랫폼으로서의 자동차에서만 혁신이 일어나는 것은 아니다. 지금 이 순간에도 모빌리티 기반 서비스로 다양한 일들이 벌어지고 있다. 택시 중계 플랫폼과 같이 사용자들이 접할 수 있는 생활밀착형 서비스가 가까운 예다.

카카오모빌리티는 2021년 4월, 구글로 부터 565억 원 규모의 투자를 받았다. 양 사는 사용자경험(UX)을 강화하기 위한 서비스 혁신과 시장 성장에 기여할 신규 비즈니스 발굴을 최우선 과제로 꼽았다.

이들의 협업으로는 어떤 일들이 가능할까. 모바일의 개념이 스마트폰에서 자동차로 넘어가면 더욱 풍부한 서비스 창출이 가능해 진다. 구글-카카오모빌리티는 ▲클라우드 기반 AI 기술 고도화 ▲모빌리티를 매개로한 사물인터넷(IoT) 기술 적용 ▲카카오모빌리티의 플랫폼과 구글 서비스 결합에 따른 시너지 ▲모빌리티-모바일 UX 향상을 위한 운영체제(OS) 고도화 등을 진행키로 했다.

카카오모빌리티의 경쟁사인 SK텔레콤의 자회사 티맵모빌리티도 SK텔레콤과 우버의 합작사인 우티(UT)를 통해 모빌리티 서비스를 제공하고 있다.

UT는 탈통신을 선언한 SK텔레콤의 전폭적인 지원과 함께, 그 동안 국내 시장에서 규제 탓에 제대로 사업을 하지 못한 글로벌 모빌리티 기업 우버가 내놓은 야심작이다.

초기 비즈니스 형태는 '우버택시+티맵택시' 통합으로 운송 서비스 기반이지만, 티맵의 지도 데이터와 SK텔레콤의 네트워크, 우버의 모빌리티 노하우를 통해 다양한 플랫폼 비즈니스를 시작할 수 있다. 택시 호출 외에도 대리운전과 주차, 마이크로 모빌리티(전동킥보드, 자전거) 등으로 확장이 가능하다.

현대 아이오닉5, 기아 EV6 등 국산 자동차 업계와 수입차 업계의 전기차 상용화 추세에 따라 모빌리티 플랫폼 사업은 더욱 활기를 띨 전망이다.

머지않아 자동차 업계도 통신 업계와 마찬가지로 '탈자동차'를 선언할 것이다. 현대자동차가 CES 2022에서 자동차 대신 로봇을 내세운 것도 이 같은 이유에서다.

내연 기관으로 구성된 운송 기계에 전자 장비를 얹는 것이 아닌, 전자장비-플랫폼으로서의 이동수단(전기차, 스마트카)에 IT 서비스를 융합한 모빌리티 시대가 우리를 기다리고 있다.

카카오와 SK텔레콤이 모빌리티 사업에 전력을 쏟고 있는 것은 잠재적인 성장 가능성이 크다는 방증이다.

이동수단과 서비스를 엮은 MaaS(서비스형 모빌리티) 플랫폼이 미래 먹거리로 가치가 크다는 것이기도 하다.

국내 모빌리티 시장 규모 전망 또한 2023년 2조 8630억 원 수준(정보통신기획평가원)으로 급성장이 예상된다고 하니, 우리가 향후 10년간 어떤 모빌리티 혁신을 경험하게 될 지 기대가 된다.

미래 산업의 트렌드를 이끌게 될 첨단 제품, 킬러 콘텐츠의 산실

플리커

　사람이 운전대를 잡지 않아도 목적지까지 안전하게 주행하는 자동차는 더 이상 상상 속의 제품이 아니다. 현재 주요 완성차 회사들을 비롯해 테슬라 같은 전기자동차 회사, 그리고 애플과 같은 빅테크 기업들은 스마트카 개발에 한창이다.

　스마트카는 전기(배터리)로 구동되며, 자율주행 기능을 탑재하고, 네트워킹이 가능한 첨단 디지털 전자장치를 통해 다양한 정보를 활용할 수 있는 첨단 전자기기이자 미래 모빌리티 플랫폼이다. 이러한 특징 탓에 '전기자동차(전기차)' '자율주행차' '커넥티드카' 등으로 불린다.

　스마트카는 단순한 '탈 것'이 아니다. 향후 십 수년 간 미래 산업의 트렌드를 이끌 첨단 제품이자 킬러 콘텐츠의 산실이 될 것이다. 지난 십여 년 간 스마트폰이 그래왔던 것처럼….

　현재는 테슬라가 스마트카 시장을 상징하는 대표 기업으로 인식되고 있다. 아무래도 스마트카의 시작점은 전기차로 봐야 한다.

내연기관 자동차와 전기차는 정체성 자체가 다르다. 요즘 어린이들은 자동차를 전자제품이라고 이해하는 경우가 종종 있는데, '완성차 기반이냐' '빅테크 기반이냐'에 따라 각각의 제품에 미묘한 감성 차이가 분명히 존재한다.

거대한 스마트폰

다시 테슬라로 돌아와서, 일론 머스크라는 스타 사업가는 2003년 7월 테슬라를 설립했고 2017년까지 긴 시간 적자에 시달려왔다. 그리고 마침내 2018년부터 전기차-빅테크 기업의 아이콘으로 등극하며 시장의 선두주자가 됐다.

스마트카는 배터리와 반도체, 통신 및 카메라, 센서 등 자율주행 기술과 관련된 첨단 기술의 집약체다. 새로운 서비스와 기술 발전의 공간을 제공함으로써 삶과 문화의 혁신을 한 단계 높여줄 플랫폼이 되는 것이다.

스마트폰이 지난 10년의 혁신을 이끌었다면, 전기차는 앞으로의 10년을 이어갈 것이다. 테슬라의 성공 이후 완성차 회사는 물론 애플, 구글, 아마존 등 IT 기업의 발걸음이 분주하다.

이들 기업은 스마트카를 일종의 거대한 스마트폰, 즉 새로운 IT 기기로 보고 역량을 집중하고 있다. 테슬라의 경우 스마트카를 데이터를 생산하고 저장할 수 있는 하나의 플랫폼으로 정의하고, 미래형 비즈니스 모델을 만들고 있다.

첨단 기술 시대로의 진입과 더불어 친환경 기조까지 겹치면서 선진국 대부분이 스마트카 지원에 적극 나서고 있다. 스마트카 주도권을 잡는 것이 곧 국가 미래 산업 성장의 척도가 될 수 있기 때문이다. 스마트카는 기술의 발전에 따른 시대의 흐름을 반영해 주는 총아인 것이다.

현대자동차, 벤츠, 포드, 폭스바겐과 같은 완성차 회사들은 미래 스마트카 시장을 선도하기 위해 '자동차'라는 인식의 틀에서 벗어나야 한다.

물론 자동차 산업은 안전성과 직결되는 하드웨어 경쟁력이 근간이다. 그러나 스마트카 산업에서는 소프트웨어 경쟁력이 소비자의 선택권에서 중요한 요소임이 분명하다.

하드웨어적인 성능과 디자인만큼, 소프트웨어적인 성능과 UX/UI 디자인은 최종 성패를 좌우하는 요소다. 특히 보다 오래 주행할 수 있는 배터리 기술 및 자율주행 시스템의 완성도가 핵심이다.

자율주행 기술은 빠르게 발전하고 있다. 업계에서는 자율주행 레벨3 차량의 양산과 상용화를 통해 오는 2035년 글로벌 자율주행차 시장이 1조달러(약 1153조원)에 달할 것으로 예상하고 있다.

이에 따라 주요국가에서는 자율주행 산업 기반 구축을 위해 기술 및 관련 법 제도 정비에 적극 나서고 있다.

레벨2, 레벨3, 레벨4, 레벨5…

우리나라도 자율주행차 산업 발전과 발 맞춰 적극적인 기술개발과 법 제도 마련에 박차를 가하고 있다.

현재 우리 주변에서 상용화된 자율주행차들은 레벨2 수준의 운전자 보조 수단으로 활용된다. 이 때문에 정부와 산업계는 레벨3 자율주행 상용화를 위해 관련 법·규제 정비와 시범 서비스를 운영 중이다.

그러나 앞으로 자율주행차 시장의 급격한 발전을 쫓기 위해서는 레벨4 자율주행 상용화를 대비한 중장기 전략이 필요하다는 지적이 나오고 있다.

레벨3는 본격적인 자율운전의 시작으로 실질적인 주행은 자동차가 하며 인간은 핸들에 손을 올린 상황에서 감시자로 참여하는 단계이며, 레벨4는 차량 주도 운행자가 필요 없는 완전 자율주행 수준을 의미한다.

레벨4 자율주행은 고등 자율주행(High Automation)으로, 이 수준이 되면 대부분의 도로에서 자율주행이 가능하다. 주행 제어와 주행 책임이 모두 시스템에 있어, 제한 상황을 제외한 대부분의 도로에서 운전자 개입이 불필요하다.

예외적으로 악천후 등 특정 조건에서만 인간을 통한 주행 제어 장치가 필요한 단계이다.

마지막 단계인 레벨5는 사람이 운전하는 것과 똑같이 어디서나 언제든지 자동차 스스로 운행이 가능한 진정한 자율주행 단계인데, 일각에서는 불가능에 가깝다는 평가도 나온다.

현재 가장 뛰어난 것으로 평가받는 테슬라의 자율주행차는 레벨2와 레벨3의 중간 단계인 레벨 2.5로 평가 받고 있다.

자동차연구원에 따르면, 향후 레벨3 이상 기술이 상용화되면서 2030년에는 신차 판매의 50% 이상으로 레벨3 기술이 일상화될 것으로 전망된다.

우리나라 정부는 오는 2027년까지 레벨4 자율주행차 상용화를 목표로 하고 있다.

● **UAM/플라잉카**

하늘을 나는 자동차,
꿈이 아닌 현실로 다가온다

29

현대자동차

　설·추석 명절 귀향길이나 출퇴근 러시아워의 꽉 막힌 도
로에 갇혀 있자면 자동차에서 날개가 나와 목적지 까지 날아가
는 상상을 하곤 했다. 이러한 상상은 곧 현실이 된다.

　하늘을 나는 플라잉카는 자율주행과 함께 미래 모빌리티의
한 축을 차지하고 있다. 플라잉카는 말 그대로 날으는 자동차
로, 수직이착륙이 가능한 비행체를 활용하는 도심항공교통(UAM,
Urban Air Mobility) 사업이 전 세계적으로 활발하게 추진되고 있다.
저소음 항공기와 UAM 정거장인 버티포트를 기반으로 도심 환
경에서 사람과 화물을 편리하게 운송하는 차세대 첨단 교통체
계로 개발 중이다.

　국내에서는 현대자동차를 주축으로 UAM 사업이 활발히
진행 중이고, 빅테크 기업들도 UAM 서비스를 위한 소프트웨
어 등 시스템 개발에 한창이다.

　현대차와 같은 하드웨어 기반 기업은 UAM 기체와 운영 시
스템을 동시에 개발하고 있다. 아직은 국산 UAM 기체가 개발

되지 않았기에, 현재 진행 중인 사업에는 볼로콥터, 에어로노틱스, 롤스로이스 등 해외 기체 제조사와 협업 중이다.

카카오모빌리티와 같은 빅테크 기반 기업은 통합모빌리티 서비스(MaaS) 운영 노하우를 에어택시와 연계하는 사업에 집중하고 있다.

전 세계 UAM 시장 규모는 2040년까지 730조 원 규모로 전망된다. UAM은 기체 하드웨어 제조 능력과 함께 ICT 기술력이 매우 중요하다.

우리나라 2025년 실용화 목표

최근 플랫폼 기반의 비즈니스가 대세인 가운데, 미래 모빌리티의 핵심 사업 중 하나로 UAM이 주목 받고 있다. 미래 도시의 교통 혼잡을 해결할 솔루션이자, 빅테크 및 자동차 · UAM 제조사들의 미래형 먹거리로 떠오르고 있는 분야다.

국내 유수의 기업들은 이미 UAM 시장에 적극적으로 뛰어들었다. 특히 통신사인 SK텔레콤 대 KT 연합으로 선의의 경쟁을 펼치고 있다.

우리나라 정부도 UAM 사업을 미래의 주요 혁신사업으로 추진하겠다고 밝히면서 2025년 실용화를 목표로 법령 정비와 민관 협력 사업을 진행 중이다.

SK텔레콤의 경우 한화시스템과 손을 잡고 'K-UAM 드림

팀' 연합을 결성했다. 한화시스템은 미국의 오버에어와 협력해 '버터플라이'라는 수직이착륙 기체의 공동 개발을 시작했다. 이들 연합에는 한국공항공사, 한국교통연구원 등이 참여하고 있으며, 2021년 하반기에 김포국제공항에서 UAM 실증을 진행했다. 티맵모빌리티가 UAM 에어택시의 운영 시스템을 맡는다. UAM 조종사와 지상통제소 사이는 SK텔레콤의 이동통신망으로 연결했다.

KT는 현대자동차, 대한항공과 연합을 결성했다. 특히 현대자동차는 2020년부터 정의선 회장이 미래 핵심사업으로 적극 지원하고 있다.

현대차는 UAM 설계부터 생산까지 자체 개발을 목표로 하고 있다. 현대차는 2030년까지 실제 운용이 가능한 수직이착륙 기체를 선보인다는 계획이다. 여기에 대한항공까지 가세해 항공운수 사업 측면에서 경쟁 우위를 차지하고 있다.

KT는 UAM 통신인프라와 데이터 플랫폼 개발을 맡으며, UAM 관리시스템 개발 및 모빌리티 사업 모델을 연구한다. 대한항공은 UAM 운항 · 통제 시스템 개발, 여객 · 물류 운송서비스사업 모델 연구를 수행키로 했다.

카카오모빌리티는 자체적으로 UAM 진출을 선언했다. 카카오T 플랫폼에서 제공 중인 통합모빌리티서비스(MaaS) 운영 경험과 자율주행 기술, 공간정보 · 지도 기술 등을 총동원한다는 전략이다. 교통 분산과 장거리 이동 수요가 높은 지점들을 버티포트(UAM 정류장)로 선정, 다중 경로를 운영해 교통체증으로 인한 사회적 비용을 절감하고, 일반 이용자 접근성을 높이기 위한 사업 모델을 준비 중이다.

이 외에도 롯데그룹도 UAM 시장에 진출하는데, 롯데 그룹사 간 연합 결성으로 향후 빅테크 기업과의 협력이 기대된다. 롯데렌탈이 주도적으로 사업에 나서고 항공과 지상을 연결하는 모빌리티 플랫폼 운영과 버티포트 및 충전소 등 제반 인프라의 구축해 운영할 계획이다. UAM 기체 개발은 미국의 스카이웍스 에어로노틱스가 맡았다.

● **양자컴퓨터**

압도적 정보처리 속도… 미래형 컴퓨터

플리커

    지난 2019년 구글이 개발한 양자컴퓨터 '시카모어'가 기존 슈퍼 컴퓨터에서 1만년이 걸려야 풀 수 있는 문제를 단 3분여 만에 푸는 데 성공했다.

    엄청난 정보 처리 속도를 가진 양자컴퓨터가 상용화되면 한 단계 업그레이드된 정보처리 혁명이 일어나게 된다.

    양자컴퓨터(Quantum computer)는 현존하는 슈퍼컴퓨터 보다 훨씬 빠른 속도의 연산이 가능하다.

    예를 들어 129 자리 자연수를 소인수 분해하는데 일반 고성능 컴퓨터 1,600대로 8개월이 걸리는데, 양자컴퓨터 1대로 수 시간 내에 연산이 가능할 정도다.

    양자컴퓨팅은 컴퓨터가 정보를 큐비트(qubit, 양자비트) 단위로 읽고 처리하는 것이다. 양자컴퓨팅은 빛이나 에너지의 최소 단위인 전자와 광자 등 양자역학적인 현상을 이용해 자료를 처리한다. 그렇기 때문에 양자컴퓨팅은 IT 분야의 기술이라기보다 기초과학 분야에 가깝다고 볼 수도 있다.

양자컴퓨터는 기존 컴퓨터처럼 전기 신호가 아닌, 양자의 중첩(Superposition) 원리와 얽힘(Entanglement) 현상을 이용해서 동작하는 컴퓨터다. 그렇기에 특정 환경에서 발생하는 특정 상태의 양자의 움직임으로 계산하는 컴퓨터라고 보면 된다. 특정 상태와 특정 환경의 유지가 양자컴퓨팅의 조건이 된다.

이러한 양자컴퓨터의 개념은 1983년 물리학자 리처드 파인먼에 의해 처음 공개됐다. 기존의 '0'과 '1'의 2진 비트 구조의 컴퓨팅에 양자역학의 중첩과 얽힘 기술을 적용해 더 많은 데이터를 더 빠른 속도로 한 번에 계산할 수 있다는 게 양자컴퓨팅의 기본 개념이다. 0과 1을 동시에 가지는 상태가 큐비트다.

슈뢰딩거의 고양이

큐비트 상태는 물리 개념 중 하나인 '슈뢰딩거의 고양이'로 설명이 된다. 기존 컴퓨팅에서의 결과는 고양이가 있느냐 없느냐다. 그러나 양자컴퓨팅에서의 과정은 슈뢰딩거의 고양이처럼 고양이는 죽었지만 동시에 살아있는 중첩 상태다.

즉 0도 1도 아닌 무궁무진한 상태로 있다가 우리가 자극을 주는 순간 0(고양이가 있다), 1(고양이가 없다)이 확실해 진다.

큐비트를 기존의 비트 단위와 비교해보면 현존 컴퓨터는 연산 단위인 2진법 0과 1의 비트로 구성돼 '0100110101110101…'과 같이 처리했다면, 2개의 큐비트를 가진 양자컴퓨터는 같은 시간에 4개의 조합된 정보 '(00,01,10,11), (11,01,10,00)…'처럼 2의 2제곱만큼의 계산 능력을 가지게 된다. 이런 식으로 3개의 큐비트로는 8가지 상태가 동시에 가능하다.

많은 수의 큐비트들을 이용하면 동시에 여러 상태에 작용하는 병렬식 정보 처리를 할 수 있기 때문에 기존의 컴퓨터보다 연산을 훨씬 빨리 할 수 있게 된다.

또한 양자 얽힘은 큐비트가 물리적으로 연결돼 있지 않은 경우에도 서로 영향을 줄 수 있는 현상을 말한다. 하나의 입자를 둘로 쪼개서 아주 먼 거리에 위치시키더라도 실시간으로 정보를 주고 받을 수 있는 현상을 이용, 빛 보다 빠른 양자통신을 구현할 수 있다.

그래서 빠르게 처리해야 할 다수의 데이터가 있을 때 양자컴퓨터가 매우 유용하다. 전 세계적으로 데이터가 급증하는 상황 속에서 양자컴퓨터는 꾸준히 주목 받고 있다.

AI 비약적 발전 견인

지난 2021년에는 중국이 구글을 뛰어 넘는 양자컴퓨터를 개발했다는 보도가 나왔다. 보도에 따르면 중국이 개발한 '주총지(祖沖之)'로 불리는 이 컴퓨터는 66개의 큐비트를 동시에 컨트롤 할 수 있다. 즉 66개의 큐비트에 걸쳐 양자 정보(단일 전자의 양자 상태)를 부호화해 입력할 수 있다. 다만 이러한 결과는 학계의 검토를 거치지 않은 것이므로 공식화됐다고 보는 것은 무리다.

구글의 양자컴퓨터 시카모어는 54큐비트로, 세계 최고성능 슈퍼 컴퓨터인 IBM '서밋'이 1만년에 걸려 할 수 있는 연산을 단 200초만에 완료해 양자 우위를 달성했다고 보고된 바 있다.

양자컴퓨터는 방대한 데이터 학습 시간을 획기적으로 줄일 수 있어 인공지능(AI) 기술을 비약적으로 발전시킬 수 있다. 또 상당한 시간과 자원이 소모되는 비트코인과 같은 암호화폐 채굴도 단시간에 끝낼 수 있다.

정보 암호화 체계 역시 단시간에 뚫을 수 있어 암호해독이나 사이버 보안 등의 분야에서 새로운 차원의 보안 시스템 구축과 활용이 가능하다.

이 외에도 복잡한 배합을 빠르게 계산할 수 있어 신약 및 신소재 개발 등 다양한 분야에서 산업 경쟁력을 끌어올릴 것으로 기대된다.

다만 현재 학계와 관련 업계에서는 양자컴퓨터의 양산 방법에 대한 합의가 이뤄지지 않는 상태로 알려져 있다.

전 세계 물리학자와 컴퓨터 과학자들은 초전도, 이온 트랩, 실리콘 반도체, 토폴로지(위상학) 방식 등 서로 다른 유형의 양자컴퓨터를 개발하고 있다.

각 방법 중 가장 중요한 것은 양자 자체의 취약한 성질을 극복하는 것이다. 큐비트가 매우 불안정하고 다른 에너지원으로부터의 간섭을 받기 때문에 오류가 발생하기 때문이다. 이 때문에 양자컴퓨터를 양산하기 위한 양자 안정화 방법을 찾는 것에 총력을 기울이고 있다.

네이버와 쿠팡은 왜
'풀필먼트'에 진심일까

pxhere

이커머스(e커머스)는 전자상거래(Electronic Commerce) 약자다. 인터넷으로 연결된 온라인 네트워크를 통해 다양한 상품 및 서비스를 사고파는 것을 의미한다.

오늘날 이커머스의 발전은 스마트폰 대중화에 따른 모바일 쇼핑의 활성화, 그리고 최근 코로나19 팬데믹 사태를 거치면서 폭발적인 성장세를 그리고 있다.

글로벌 시장에서는 아마존이 이커머스를 상징하는 기업이다. 이커머스는 IT기술의 발전에 따른 생활방식의 변화를 대표하는 서비스이기에, 이커머스 기업은 상당한 IT기술력을 보유하고 있다.

첨단 기술을 활용해 상품이나 서비스를 최종 소비자에게 전달해 사용토록 하는 과정 자체가 이커머스 비즈니스다. 아마존이 아마존웹서비스(AWS)나 로봇배송 등 글로벌 빅테크 기업을 대표하는 것도 이러한 이유 때문이다. 중국의 알리바바, 우리나라의 네이버와 쿠팡 등이 빅테크 기업인 동시에 이커머스를 핵심 사업으로 삼고 있는 것과 같다.

국내 이커머스 시장은 다소 복잡한 경쟁 구도를 갖고 있다. 쿠팡과 11번가 등 대표적인 이커머스 기업 그룹이 있고, 신세계/이마트와 롯데 등 오프라인 유통 대기업에 기반한 그룹, 네이버와 카카오 등 포털의 중개 서비스에서 발전한 그룹, 그리고 중소상공인이 직접 운영하는 독자 쇼핑몰 그룹 등이 치열하게 경쟁하고 때론 협력하는 상황이다.

이 중 국내 이커머스 시장을 대표하는 기업은 그 규모면에서 시장 1위를 차지하고 있는 네이버, 그리고 미국 뉴욕증시 상장 등 무섭게 성장하고 있는 쿠팡을 들 수 있다.

빠른 배송이 경쟁력

이커머스에서 소비자를 사로잡기 위한 최우선 요소는 빠른 배송이다. '더 싼 가격'도 중요하지만, 이커머스 시장이 성장궤도에 오른 지금은 더 빠른 배송이 기업의 핵심 경쟁력이 됐다.

풀필먼트는 제품 주문과 동시에 선별-포장-배송-사후처리의 모든 과정을 처리해 주는 이커머스 서비스를 뜻한다.

빠른 배송이 중요하기에 소비자의 취향을 고려한 물품을 주요 거점에 미리 확보해 둔다. 이를 위해서는 인공지능(AI)이 적용된 빅데이터 기술 등 첨단 IT기술력이 요구된다. 이를 통해 판매를 미리 예측해 물류센터에 해당 물품들을 보관해 두고, 주문시 바로 배송하는 시스템이 풀필먼트라고 이해하면 된다.

오늘날 쿠팡이 성장한 이유도 로켓 배송이 한 몫 했다. 쿠팡은 아마존의 풀필먼트바이아마존(FBA)을 벤치마킹했고, 지금도 IT기술을 활용한 풀필먼트 시스템 구축을 진행 중이다. 네이버 역시 전국 빠른 배송 서비스 구축을 위해 유통 대기업과 협업을 추진하며 풀필먼트 시스템 구축에 한창이다.

이미 쿠팡은 이 시스템을 적극 활용해서 빅테크 기업으로 인정 받았다. 미국 뉴욕증시 상장 또한 이러한 기술력을 인정 받았기에 가능한 일이었다. 국토가 좁은 우리나라에서 특히 효과적이었다. 쿠팡이 그리고 있는 풀필먼트 기반의 생태계는 '로켓배송 서비스의 시스템화로, 앉아서 돈을 벌어주는 시스템 구축'이라고 할 수 있다.

쿠팡의 진격은 국내 모든 이커머스 기업과 오프라인 유통 공룡들을 긴장하게 만들었다. 결국 네이버도 움직였다.

드러낸 발톱

네이버는 자사의 기술력과 인프라를 물류 대기업 CJ대한통운과 결합한 풀필먼트 시스템을 구축했다. 네이버 판매자 중심 풀필먼트 센터 오픈 및 인프라를 확대하고, AI 기반의 물류 인프라 구축과 솔루션 개발, 로봇 기술을 이용한 물류 테크를 강화했다. 다양한 배송 체계를 구축하고 배송 속도를 빠르게 높인다는 계획이다.

네이버의 전략은 강력한 파괴력을 가진다. 그동안 네이버는 '소상공인을 죽인다' '동네상권을 침해한다'는 등 독과점 기업에 대한 강한 사회적 견제로 발톱을 숨길 수 밖에 없었다.

스마트스토어를 확대하면서 소상공인을 지원한다는 이미지를 강조하는 이유도, 또 단독 진출 보다 협력사를 통한 사업 확장을 하는 이유도 이 때문이다.

국내 최고 빅테크 기업 네이버가 가진 기술력과 사업 인프라, 고객 확보 역량까지 결합해 이커머스 시장에 진출할 경우 경쟁자를 찾기가 어려울 것이다.

네이버-CJ가 새롭게 구축하는 풀필먼트 센터는 AI와 로봇, 클라우드 등 차세대 미래기술을 바탕으로 한 스마트물류 거점으로 활용된다.

다만 쿠팡이 미국 증시 상장 등으로 인한 자금력 확보 등 한껏 기세가 오른 상황이라, 향후 네이버의 풀필먼트 확장 전략으로 더욱 재미있는 경쟁 구도와 산업 발전이 이뤄지게 된다.

2022년부터 소비자들은 쿠팡 외에도 네이버 쇼핑 카테고리를 통해 다양한 제품(식료품 등 포함)의 희망일 배송, 빠른 배송, 프리미엄 배송 등의 다양한 배송 서비스를 이용할 수 있게 된다. 소비자의 편의성은 경쟁을 통해 더욱 높아질 것으로 기대된다.

의료 데이터를 활용한
유망 미래 신사업

위키미디어커먼스

　데이터 기반의 디지털 혁신 가속화는 의료 분야에 막대한 영향을 끼쳤다. 의료 전문지식과 임상 기록, 환자들의 의료 기록 데이터 등 의료 분야의 방대한 데이터를 활용한 디지털 헬스케어 산업은 유망한 미래 신사업으로 주목받는다.

　디지털 헬스케어의 주된 활용 분야는 원격진료다. 화상진료 등 IT 인프라를 통해 의사와 비대면 진료를 할 수 있다. 디지털화된 환자의 의료 정보 데이터는 IT 시스템에서 통합 관리한다.

　한국보건산업진흥원의 최근 자료에 따르면 디지털 헬스케어 활용의 기대효과로는 '의료 기관을 방문하지 않고도 질병의 예방–관리–치료'가 46.5%로 가장 높았다. 그 다음으로는 '시공간 제약 없이 연속성 있는 건강관리'가 20.4%, '개인 맞춤형 건강 관리'가 11.7% 순이다.

　반면 디지털 헬스케어 도입에 대한 우려도 존재한다. 실제 의료 현장에 이를 적용했을 때 '오류나 의료사고 위험성'이

51.8%, '개인정보 등 보안 문제'가 19.4%, '추가적인 비용 부담'이 14.7% 순으로 조사됐다.

또한 디지털 헬스케어 도입을 위한 개선 사항으로는 '데이터의 신뢰 및 정확성 확보'가 49.9%, '개인정보 보호 보안체계 마련'이 14.6%로 나타났다.

아직 우리나라는 디지털 헬스케어 도입 전망이 밝지는 않다. 원격 진료에 대해 기존 의료계가 격렬한 반대를 하고 있어서다. 의료계는 원격 진료에 대한 안정성과 효과에 대해 의문을 제기하고 있다. 다만 이에 대해서 일각에서는 의료계의 밥그릇 지키기라는 비난의 목소리도 있다.

그러나 코로나19가 디지털 헬스케어의 도입, 즉 원격 진료 도입의 필요성을 부각시키는 계기가 됐다. 이전까지 원격 진료의 도입은 의료계의 극심한 반대라는 장벽에 부딪혔었지만, 대면 진료가 어려워지면서 원격 진료가 환자의 건강권 확보를 위한 방법으로 떠올랐기 때문이다.

외부활동의 자제, 재택근무 증가로 인해 온라인 서비스 이용률이 높아졌다. 자연스럽게 온라인 플랫폼 비즈니스 기업들이 급격한 성장을 했고, 주요 기업들은 저마다 플랫폼을 구축해 디지털 전환 가속화에 나섰다.

기업은 물론 소비자들 역시 기존의 방식을 바꿀 수 밖에 없는 상황이 펼쳐졌다. 이 과정에서 찬반 논란이 있던 원격 의료에 대한 인식도 전향적으로 바뀌는 추세다.

의료 마이데이터 서비스

특히 2022년 초부터 마이데이터(본인신용정보관리업) 사업이 금융 분야에서 시작됐다. 이는 향후 의료 데이터 분야로도 이어진다.

의료 마이데이터 서비스가 시작되면 공공 의료 데이터 등 의료계가 보유하고 있던 데이터 활용도를 높일 것으로 기대된다. 이에 따라 통신사와 빅테크 기업들이 헬스케어 사업에 뛰어들고 있다.

통신사는 원격 진료가 가시화될 때를 대비해 자사의 가입자 기반 헬스케어 서비스를 출시했고, 빅테크 기업은 AI와 빅데이터 기술 역량을 기반으로 헬스케어 플랫폼 구축에 나섰다. 국내 시장뿐 아니라 급속도로 성장하게 될 글로벌 의료시장 선점을 위한 대응 차원이다.

디지털 헬스케어는 기업들에게 지속적인 수요를 보장해 주는 사업이다. 코로나19가 촉진제가 됐지만, 포스트 코로나 시대에도 질병에 대한 디지털 의료 관리 체계는 지속될 것으로 전망된다.

의료 전문가들은 향후 코로나19 보다 무서운 바이러스 등장에 대한 예고를 하고 있다. 더불어 인류의 고령화와 이에 대한 의료체계 마련도 각 국 보건 당국에 직면한 사회 문제로 인식되고 있다.

글로벌 마켓 인사이트에 따르면 디지털 헬스케어 글로벌 시장 규모는 2020년 1064억 달러(약 125조원)에서 오는 2025년 5044억 달러(약 593조원)으로 매년 30% 정도의 성장세가 전망된다.

디지털 헬스케어는 빅데이터와 인공지능(AI) 등 ICT 기술에 기반한 데이터 처리, 분석기술 경쟁력이 성패를 가를 것으로 예상된다. 이는 우리나라 통신사, 빅테크, IT기업 등이 내세우는 경쟁력이며 이들 기업이 글로벌 헬스케어 시장 공략에 자신감을 드러내는 이유기도 하다.

백신여권은 왜 블록체인으로 만드나?

표지이미지

전 세계적인 코로나19 유행으로 해외 여행이 금지되는 등 국가 간 이동에 제한이 생겼었다. 뿐만 아니라 공공장소 출입에도 백신을 접종을 완료했다는 디지털 증명서를 발급하는 등 이른바 '백신여권'이 등장했다.

백신여권은 전 세계적으로 통용되는 용어는 아니지만, 코로나19 백신 접종 사실을 확인할 수 있는 일종의 증명서라고 보면 된다. 백신을 맞은 사람에게 각국 정부가 상호 인증하는 문서를 발급해 주고, 해외 출입국이나 공공장소 출입을 허용하는 종이 및 디지털 증명서 형태의 여권이다.

다만 백신을 맞지 않은 사람들에 대한 차별 문제로 세계보건기구(WHO)에서는 백신여권 도입에 반대 입장을 표하기도 했다. 미국에서도 인권침해와 개인정보보호 문제 등 사생활 침해 우려로 인해 백신여권 도입에 부정적인 입장을 표명하기도 했다.

2021년에 해외 여행을 허용한 국가의 경우, 코로나19에 따른 국경 봉쇄를 완화하고 이동을 촉진하려는 경제적 이유에 따라 백신여권 도입 논의가 진행됐었던 사례가 있다. 유럽연합(EU)는 역내 회원국 간 여행을 위한 백신여권을 도입했고, 미국의 경우 '엑셀시오르' 패스를 도입했다. 베트남도 해외 입국자를 위한 백신여권 사업을 진행하는 등 사례가 있다.

우리나라는 2021년 4월 스마트폰에서 백신 접종 사실을 확인할 수 있는 '쿠브'(COOV) 앱을 공개해서 방역패스 등 공공장소 출입 시 활용한 바 있다. 쿠브 기반이 되는 글로벌 백신 인증 솔루션 PASS INFRA는 세계 각국 정부 및 단체에 무료로 공급된다. 글로벌 호환성을 통해 예방 접종 여부를 증명할 수 있다.

디지털 백신여권의 경우 데이터 위변조를 막고 개인정보를 보호하기 위해 블록체인과 분산신원인증(DID) 기술을 적용했다. WHO 등이 우려하는 인권침해와 차별 문제는 여전하지만 적어도 개인정보보호 논란에서는 자유로워질 수 있게 된다.

블록체인 기술로 위변조 차단

코로나19가 한창일 때 등장했던 백신여권은 추후 일반적으로 통용되는 전자여권 형태로 쓰일 가능성도 있는 만큼 신분증 위조 우려를 원천 봉쇄해야 한다.

일례로 이스라엘의 보건부가 관장하는 QR코드 기반의 백신여권 '그린패스' 도입 초기에는 위조 사례가 많이 발생했다.

QR코드는 텍스트 정보를 코드화 하는 수준이기 때문에 여기에 담긴 이름과 그린패스 ID번호, 백신접종 날짜 등은 암호화되지 않은 상태다. 보안상 취약점이 있을 수밖에 없다.

그러나 블록체인 기술을 적용하면 정보의 위변조가 불가능하다. 블록체인은 정보의 관리가 중앙집중화 방식이 아닌, 네트워크에 참여하는 모든 사용자가 모든 데이터 내역 데이터를 분산하고 저장하는 기술이다.

데이터가 기록되는 장부(원장)를 블록화하고, 이를 체인 구조로 연결해 데이터 내역 확인시 모든 사용자가 보유한 장부(분산원장)을 대조하고 확인한다. 기존 시스템에서 처럼 해커가 개인 단말기와 중앙 서버간에 오가는 데이터(장부)를 조작할 수 없는 구조인 것이다.

우리나라에서는 블록체인 신원인증 방식인 DID(분산신원인증)가 백신여권의 기반 기술로 채택됐다. 자기주권 신원인증(SSI, Self-Sovereign Identity) 방식을 통해 개인의 단말기에서만 자신의 정보를 담은 백신여권을 인증한다. 중앙 서버 대신 블록체인 분산원장 안에 개인의 정보를 암호화해 저장하고, 복호화(암호를 풀 때) 할 때 개인이 필요한 키를 직접 관리한다.

이 때문에 백신여권도 블록체인 기반으로 만드는 것이다. 특히 해외 이동시 전자여권 처럼 백신접종 여부 등의 개인 정보를 입국 국가에서 인증하기 위해서는, 각 국가별 중앙집중화

방식의 백신여권이라면 제한이 생긴다.

백신여권 시스템 보유국가들이 인정해 주는 글로벌 범용성을 가진 기술과 플랫폼, 즉 블록체인 기반 플랫폼에 백신여권 시스템이 등록된다면 국가간 연동이 가능하다.

국내에서 통용됐었던 쿠브 인증 앱 또한 이러한 블록체인 기술을 활용해 개발됐다.

부록
IT Essay

디지털 세상 풍경

직업으로의 개발자...
연봉만 높으면 OK?

그야말로 '개발자 전성시대'다. 코로나19 팬데믹으로 디지털 전환이 가속되면서 다양한 IT서비스를 만들 수 있는 개발자의 중요성이 그 어느 때보다 두드러지고 있다. 업계에서는 개발자 품귀현상이 벌어지고 있고, 기업들은 파격적인 임금 인상 등 개발자 모시기에 한창이다.

개발자들의 연봉 인상이 시작된 것은 지난 2021년 초다. 게임회사 넷마블에서 시작된 개발자의 연봉 인상 릴레이는 게임업계를 넘어 네이버, 카카오, 쿠팡 등 인터넷 서비스 기업으로 확산됐다. 여기서 끝이 아니라 개발자가 중심이 되는 IT 서비스를 구현하는 모든 기업으로 그 여파가 퍼졌다.

여기서 말하는 개발자는 컴퓨터 프로그램 코딩 능력을 갖춘 소프트웨어 개발자를 뜻한다. 웹/앱 개발자, 그리고 게임 개발자 등이 전부 포함된다. 개발자의 연봉 인상은 만성적인 개발자 부족 현상 탓이다. 코로나로 인한 급속한 비대면 시대의 확산과 본격적인 인공지능(AI) 시대가 열리고, 대학 및 IT교육기관 등 교육현장에서의 개발인력 부족 등 여러 이슈가 복합적으로 작용한 결과다.

그동안 미국, 유럽 등 해외 선진국에 비해 상대적으로 홀대를 받았던 국내 개발자들이 인정을 받게 된 것은 환영할 일이다. 얼마 전까지만 해도 개발자는 이른바 3D 업종 중 하나였다. '월화수목금금금'이라는 단어가 등장할 정도로 워라밸은 안 지켜졌고, 중소기업에 근무하는 개발자군의 연봉은 전체 상용 근로자의 평균 연봉 보다 낮았다. 천연자원이 부족해 '인재가 곧 자원'인 우리나라 사정을 볼 때, 고부가가치 산업인 IT분야에서 뛰어난 인재가 더 많이 배출되는 것도 기대해 볼 수 있다.

게임 배틀그라운드로 급성장한 크래프톤의 경우 2021년 개발자 연봉을 일괄적으로 2000만원씩 올리고 신입 대졸 개발자 초봉을 6000만원으로 책정했다.

같은 기간 네이버는 900명의 개발인력 채용을 선언하고 국내 개발인력의 블랙홀이 됐다. 이 외에도 경영사정이 좋은 기업들이 개발자 연봉을 대거 인상하면서 개발자 모시기 경쟁이 이어지면서 인건비 부담이 커지고, 중소 업체들은 인력난에 허덕이는 악순환이 벌어지고 있다.

개발자도 부익부 빈익빈

실제로 2020년과 2021년 대형 게임사와 중소 게임사 간 부익부 빈익빈 현상, 즉 양극화 문제가 대두됐다. 엔씨소프트, 넥슨, 넷마블 등 3N과 게임빌, 컴투스 등 모바일 게임 강자들은 코로나19로 인해 호실적을 기록했다. 그러나 같은 기간 중소게임사들 중 28%는 실적이 좋지 않았다는 통계가 나왔다. 대형 게임사는 자본력을 앞세워 유능한 개발자를 흡수하고, 중소 게임사는 상대적으로 빈약한 개발인력의 탓에 성공의 길에서 멀어질 수 밖에 없던 것이다.

이는 게임사만의 문제가 아니다. 현장에서는 유능한 개발자를 확보하기가 하늘의 별따기라고 한다. 직업으로서 개발자에 대한 인기가 높아지자, 코딩 기초만 맛 본 초보자들이 수두룩해졌다.

소프트웨어정책연구소의 조사에 따르면, 국내 소프트웨어 기업의 절반이 '필요한 역량을 갖춘 인력의 부족'을 가장 큰 어려움으로 꼽았을 정도다. 숙련공이 필요해 사람을 구하는데 실습생만 지원을 하고 있는 상황이다.

빅테크 시대로 접어들면서 개발자의 위상은 앞으로 계속 높아질 것이다. 의사 판사 변호사 등 기존 인기 직업 보다 개발자가 대우를 받는 세상이 이미 열리고 있다고도 할 수 있다. 세상이 필요로 하는 전문가에 대한 예우가 이제야 제대로 작용하는 모양새다. 코딩 능력만 갖추고 있다면 어렵지 않게 취업할 수 있는 길이 열렸다.

그러나 높은 연봉과 낮은 진입장벽만 가지고 평생 직업으로 도전할 일은 아니다. 직업을 선택하는 요소에는 적성도 무시할 수 없다. 현재의 높은 몸값만을 보고 취업용 개발자가 양산되는 것은 기업에도, 개인에게도 좋지 않다.

지금은 초등학교 때부터 코딩교육을 받을 수 있는 환경이 갖춰지고 있다. 또한 기업들 스스로 자체 개발자 양성 프로그램을 운영하고, 정부 차원에서 국비 교육으로 개발자 과정을 운영하고 있다.

빅테크와 플랫폼 시대의 기초를 만드는 일꾼인 개발자를 꿈꾸고 있다면, 이러한 기회를 활용해 자신의 적성과 진로를 파악해 보자.

접속(Connect) 보다
접촉(Contact)이다

인터넷은 우리 생활의 많은 부분을 변화시켰다. 과거 PC통신 시절 때부터 월드와이드웹(www) 인터넷 활성화로 우리는 접속(Access)과 연결(Connect)이라는 키워드를 자연스럽게 받아들였다. 무선통신 기술도 세대를 거치면서 현재의 5G 상용화 단계에 이르렀고, 우리는 하이퍼커넥트(초연결) 시대를 앞두고 있다.

초연결 시대는 사람과 사물, 데이터와 각종 프로세스가 네트워크에 연결된 사회를 의미한다. 사물인터넷(IoT)의 고도화로 사람과 사람, 기기와 기기, 사람과 기기가 5G, 6G와 같은 빠른 통신기술을 통해 긴밀하게 연결된다.

최첨단 스마트카가 현실화되고 있으며, 스마트홈과 모바일 오피스 시스템의 완성도도 높아졌다. 초연결 시대의 핵심 기술은 빅데이터와 만물인터넷(IoE), 그리고 이를 가능케 하는 빠른 연결(통신) 기술이다.

이렇듯 우리는 접속의 시대를 살아왔으며, 한 걸음 더 나아가 연결의 시대를 살고 있다. 그리고 초연결 시대로 부지런히 달려가고 있다는 증거는 '메타버스'의 유행과도 맞물려 드러나고 있다.

메타버스의 궁극적인 모습이라면 가상의 공간에서 자신의 아바타를 만들고 마치 실제 세상에서 생활하듯이 일상과 비즈니스 활동을 하는 것이다. 현실세계의 시간과 공간의 제약을 훌쩍 뛰어넘는 초연결 사회의 궁극이다.

IT기술의 진화와 함께 플랫폼이 고도화되고 통신기술은 더욱 빨라지고 있다. 그 결과 접속과 연결의 세계, 초연결 사회의 가상세계에서는 현실세계의 불편함을 덜어 내는 등 불가능한 것이 없어 보인다.

가상세계까지는 아니어도, 코로나19 팬데믹 상황에서 이뤄진 비대면 회의 역시, 감염의 위험을 줄이고 업무 효율성까지 챙겼다는 평가를 받으면서 각광받고 있다.

그러나 인간의 삶은 접속과 연결만으로는 채울 수가 없어 보인다. '접촉'에 대한 갈망을 무시할 수는 없다. 서로 얼굴을 마주보며 이야기하고, 스킨십을 하고 소통하는 기본적인 욕망이 있기 때문이다.

'접촉'에 대한 갈망

2010년대 후반에 O2O(온오프라인연계) 비즈니스가 활성화된 것은 IT기술 발전의 흐름상 자연스러운 것이었다. 그 다음 단계로 초연결 사회로의 진입을 앞둔 상황에서 메타버스와 같은 기술, 코로나19로 인한 비대면 문화의 확산은 시각적인 감각은 만족시키지만 촉각적인 부분과 지적인 만족도는 떨어진다.

인간은 경험을 통해 상호작용을 하는데 그 과정에서 오감(시각, 청각, 후각, 미각, 촉각)이 매우 중요하다. 물론 메타(구 페이스북)에서 개발 중인 햅틱 장갑과 같이 가상세계에서도 촉각적인 부분을 채워줄 기술 개발도 한창이다.

그러나 이러한 기술이 접촉이라는 인간의 원초적인 욕망을 당장 채워 주기는 불가능하다. 최근 우리는 코로나19라는 예기치 못한 사태의 장기화와 디지털화의 영향으로 항상 접속돼 있는 삶을 살고 있다.

친구들간 놀이문화도 게임을 통한 접속과 연결로 일정 부분 이동했다. 빅테크 업계에서는 이를 해결하기 위한 연구개발에 한창이다. 미래학자와 관련 업계에서는 접촉을 위한 기술적 해법으로 '로봇' 산업을 지목한다.

현대자동차 정의선 회장이 CES 2022에서 로봇을 데리고 등장한 것이나 삼성전자의 대대적인 로봇 산업 투자, 테슬라의 인간형 로봇 발표 등이 이러한 트렌드를 잘 반영한다.

　　디지털화로 변화된 인간의 삶은 다시 사람들끼리 적극적으로 만나는 시대로 100% 회귀할 수 없다. 쌀롱 문화 등 인터넷 커뮤니티의 소모임 활성화 경향도 있지만, 우리가 만나게 될 머지않은 미래의 접촉은 사람 대신 로봇을 통해 상당 부분이 해소될 것이라는 전망이 나오고 있다.

빅테크와 디지털 경제 속
아날로그의 가치는?

"가까운 미래에는 자율주행자동차 기능이 없는 자동차를 타는 것은, 말을 타고 달리는 것과 같은 체험 활동이 될 것이다."

과거 일론 머스크 테슬라 CEO가 자율주행차와 관련해 이러한 인터뷰를 한 적이 있다. 당시 가장 혁신적인 전기차 기업으로 주목받던 테슬라는 자율주행 부문에서도 독보적인 기술력을 인정받고 있었다.

혁신 기업의 괴짜 CEO이자 빅테크의 선도자로 추앙 받던 일론 머스크의 말이었기에 '재미 있는 발상이군'이라며 웃어 넘겼던 기억이 있다.

그렇게 십여 년이 지난 지금, 머스크의 말을 다시 곱씹어 보았다. 많은 자동차 관련 기업들이 자율주행차 개발에 올인하고 있으며, 비록 레벨2 수준이지만, 자율주행차를 몰아본 운전자들은 머스크의 말에 적극 동감할 것이다.

지금은 NFT(대체불가토큰)라는 생소한 기술을 활용해 디지털 공간에서 예술작품을 사고 판다. 일반인들에게는 엄청난 금액에 거래되는 아날로그 예술작품의 거래가 딴 세상의 이야기였지만, 보다 쉽게 접근하고 소유할 수 있는 NFT 거래소 기반의 디지털 예술품 시장이 광범위하게 형성될 것으로 보인다. NFT에서의 거래는 현금 대신 비트코인 같은 암호화폐를 활용한다.

비대면 문화의 확산으로 화상회의 시스템으로 업무를 보고, 사람들과의 만남도 오프라인 공간이 아닌 메타버스로 조금씩 옮겨지고 있다.

자산의 아바타를 만들어 디지털 공간에서 활동하고, 연예인 대신 가상인간이 새로운 팬덤을 형성하고 있다.

사람을 더 사람답게

이 모든 것은 디지털 전환에서 시작됐다. 아날로그의 디지털화가 업무의 효율을 극대화하고, 인류의 삶을 한 단계 업그레이드해 줄 수 있기 때문이다.

디지털 전환은 기업의 업무활동 뿐 아니라, 기업이 제공하는 플랫폼 기반 서비스의 진화를 가져왔다.

플랫폼 비즈니스는 이제 대세가 됐다. 사람들이 O2O(온오프라인연계) 서비스를 적극 이용하면서 전자상거래와 구독서비스, 각종 배달 플랫폼들은 전성기를 맞이했다.

그 결과 플랫폼 노동자, 인플루언서 등 새로운 직업이 각광을 받고, 기업들은 저마다 디지털 경쟁력을 높이기 위해 개발자들 모시기에 열을 올리고 있다. 개발자 몸값이 천정부지로 뛰어오르고 있고, 엄청난 수익을 올린다는 인플루언서와 배달 노동자에 대한 설왕설래도 잦다.

그러나 이러한 추세가 언제까지 계속될지는 알 수 없다. 세상의 모든 것이 디지털화될 것 같은 분위기에 빠져 있지만, 인류의 삶은 아날로그와 불가분의 관계다. 인간이 가진 아날로그 감성은 '사람을 더 사람답게' 해주는 묘한 매력이 있다.

전기차에 내연기관 자동차 엔진 소리를 입히는 것도, 스마트폰과 태블릿PC만 할 것 같은 아이들이 여전히 책을 재미있게 읽는 것도, 메타버스나 가상현실 공간 대신에 연인과 가족들이 직접 만나서 온기를 나누는 것이 더 정겨운 것처럼 아날로그의 가치는 디지털 시대에도 여전히 빛이 난다.

디지털과 아날로그는 공생 관계다. 아날로그에 대한 수요와 가치가 있기에 디지털의 가치도 높아지는 것이다. 소셜 미디어는 사람 간의 소통을 더욱 편리하게 해주기 위한 수단이고, 인공지능(AI), 빅데이터, 클라우드 같은 빅테크 기술은 인류 문명의 패러다임을 전환시켜 준 고마운 존재다.

현재 우리가 겪고 있는 디지털 경험과 그에 따른 시대 변화

는 인간 중심의 문명에서 생태 문명으로의 전환으로 이어지고
있다.

아날로그의 원천은 '자연'이다. 우리는 이제 IT기술을 활용
해 산업화라는 미명하에 인류가 파괴한 자연을 회복하기 위한
노력에 나섰다.

결국 디지털의 궁극적인 목적은 인류의 삶에서 아날로그의
가치를 온전히 보존하기 위한 것이라고 믿고 싶다.

NFT 작가를 꿈꾸는
10대들

'크리에이터 이코노미'는 온라인 콘텐츠를 제작하고 이를 통해 수익을 창출하는 창작 경제를 뜻한다. 이전까지 크리에이터라고 하면 흔히들 유튜버를 생각했다. 그렇지만 디지털 경제 시대에는 다양한 분야에서의 온라인 창작 활동이 늘어나면서 크리에이터의 개념이 더욱 광범위해졌다.

크리에이터는 영상뿐 아니라 웹툰, 그림, 소설, 음악, 디자인, 요리 및 관련 온라인 강의 등 디지털 상에서 유통되는 창의적인 콘텐츠를 만드는 사람을 아우른다. 아날로그적인 직업이 디지털 플랫폼을 만나 크리에이터라는 하나의 직업군으로 탄생한 느낌이라고나 할까.

특히 가상자산에 대한 투자적인 관점에서 본다면, NFT를 더 주목해 볼 필요가 있다. 재미있는 것은 NFT가 비트코인, 이더리움 등 암호화폐와 같은 투자의 영역이기도 한 동시에, 직접 만들 수 있는 창작의 영역에 속한다는 것이다.

NFT는 '대체 불가능한 토큰(Non-Fungible Token)'의 약자로 가상세계의 디지털 자산에 대한 소유권을 인정해 주는 디지털 토큰이다. 지금은 디지털 세상에 존재하는 모든 창작물을 디지털 자산으로 재평가해주는 시대이므로 투자 관점에서 NFT의 가능성은 무궁무진하다.

이 때문일까 IT와 디지털 기기에 대한 이해력이 높은 10대 청소년들이 NFT 작가에 관심을 보이고 있다.

디지털 그림이나 음원, 영상 등 희귀성이 높은 디지털 자산을 NFT로 제작해서, 가격을 매겨 복제 불가능한 원본을 판매하는 사례가 늘고 있다.

디지털 자산의 특성상 수많은 복제품이 양산되지만 NFT는 그 원본에 대한 소유권을 인정해 주는 것인 만큼, NFT 거래시장에서 투자 가치를 차츰 인정 받고 있다.

얼마 전 낙서를 좋아하는 영국의 12살 소년 조 웨일이 세계적인 스포츠 브랜드 나이키의 운동화 디자이너가 화제가 됐었다. 이 소년의 낙서가 온라인으로 알려지면서, 나이키가 그를 공동 크리에이터로 고용한 것이다.

우리나라의 청소년이나 젊은이들도 쳐다보지 못할 목표는 아니다. 바로 NFT가 있기 때문이다.

최근의 국내 언론보도에서 일부 초등학생들이 NFT 작가를 꿈꾸고 있다는 소식들이 쏟아져 나오고 있다. 해외에서는 이미 10대의 디지털 작품이 하나당 수백만 원을 호가하는 사례가 나오고 있다. 이미 수억 원 이상의 수익을 올린 10대 NFT 작가도 있다고 한다. NFT를 통해 국내에 제한되지 않고 전 세계 미술 시장으로 실제 판매가 가능하기에 가능한 일이다.

아이디어와 디자인 실력

업계에서는 지난 2019년 240만 달러(약 30억 원) 규모였던 NFT 시장이 2025년 800억 달러(약 95조원) 규모로 성장할 것으로 전망하고 있다.

주변에서 쉽게 접할 수 있는 NFT 제작 플랫폼이 있고 NFT 거래소 등 마켓이 형성돼 있기에 10대들, 그리고 기존 작가들이 크리에이터로 뛰어들고 있다.

톡톡 튀는 아이디어와 이를 표현할 수 있는 디자인 실력만 있다면, 준비돼 있는 플랫폼을 이용해 짧은 시간 안에 작품을 만들 수 있다.

이렇게 진입장벽이 낮아 암호화폐 투자를 넘어서 직접 제작하고 유통을 해서 수익을 창출하는 분위기가 형성되고 있는 것이다.

이러한 상황에서 NFT로 크리에이터 활동을 할 수 있도록 지원하는 플랫폼 기업들이 주목받고 있다. 이들 회사는 블록체인이나 코딩 기술을 배우지 않은 크리에이터들이 프로필형 NFT를 손쉽게 제작할 수 있는 솔루션을 제공하고, 또 거래 지원 기능까지 갖추고 있다.

그렇다고 NFT 창작 시장이 누구나 돈을 벌 수 있는 약속된 땅은 아니다. 운도 실력도 노력도 있어야 한다. 다만 NFT의 형태가 음원, 영상, 행위예술 등으로 다양하기 때문에 트랜드에 맞는 감각만 있다면 초창기 유튜버 못지 않은 기회의 땅이 될 수도 있다.

한 가지 조심할 것은, 직접 창작하는 것이 아니라 기성품 및 초상권을 NFT화(민팅, minting)해 유통하려고 한다면 저작권 사용 동의 등 절차를 꼭 거쳐야 한다. 원저작권자 동의가 없다면 NFT 거래 플랫폼인 '오픈씨(Open sea)'에서도 문제가 돼 추후 법적 분쟁에 휘말릴 가능성이 높기 때문이다.

'인간과 로봇 공존 시대'에 대한 단상

서울 용산에 마련된 대통령 집무실의 새로운 풍경 중 하나는 경호원들 외에 로봇 경비견(로봇개)이 삼엄한 경계를 하고 있다는 점이다. 2022년 용산공원이 시범 개방되면서 일반 시민의 접근이 가능해 졌는데, 이 로봇개들은 바로 이곳에 배치돼 대통령실 인근 순찰을 담당하고 있다.

용산 대통령실 앞뜰의 로봇개는 미국 고스트로보틱스(Ghost Robotics)사의 '비전60' 기종으로 보인다. (현 시점에서는 안보상의 이유로 정확한 기종을 확인할 수는 없다.) 이 로봇개는 현대자동차가 인수한 보스턴다이내믹스의 '스팟'과는 조금 다른 용도로 쓰인다. 스팟이 산업용이나 반려용으로 쓰인다면 비전60은 미군이 무기를 장착해서 군사기지를 지키거나, 멕시코 국경에서 불법이민자들의 월담을 막는 용도로 쓰이는 무시무시한 로봇이다.

비전60의 가격은 대당 2억 원(미화 15만 달러)을 육박한다. 무게는 51kg이며 초속 3m의 속도로 움직이다. 주야간 경비가 가능한데, 1회 충전시 활동시간은 180분 정도로 약 10km가 활동 반경이다. 용산 대통령실의 경우, 공개된 사진으로는 한번에 2대의 로봇개가 활동을 하는데, 3시간 제한 시간이 있기 때문에 여러 대가 번갈아 경비 업무를 볼 가능성이 크다.

비전60의 활동시간이 3시간 정도이기 때문에 '너무 짧은 것 아니냐'는 생각도 들겠지만, 현대자동차(보스턴다이내믹스)의 스팟의 경우 활동시간이 90분으로 절반 수준인 점을 감안하면 뛰어난 성능을 갖춘 셈이다. 이러한 성능 차이 때문인지 가격 또한 2배 차이가 난다. 스팟의 가격은 대당 1억 원(미화 7만5,000달러) 수준이다.

이러한 로봇은 정해진 동작만 기계적으로 수행했던 과거 로봇의 단순 자동화 서비스를 넘어섰다. 용산 로봇경비견처럼 첨단 센서와 인공지능(AI)을 기반으로 경호원(인간)의 파트너로 상호작용을 할 수 있는 지능형 협동로봇이다. 인간과 유기적인 상호작용을 통해 특정 분야에서 인간보다 뛰어난 임무 수행이 가능해 졌다는 것이다.

지능형 로봇 서비스 시장 확산

국가안보나 군용 등 위험한 임무를 수행할 때 인간의 한계를 뛰어넘는 전투로봇으로, 복잡한 회계업무 분야에서는 이미 상당 부분 기계(컴퓨터)가 회계사 역할을 담당하고 있다. 특히 제조업과 유통/물류, 공공서비스 분야에서는 로봇으로 인한 일자리 감소 우려가 현실화되고 있다.

IT기술의 발전으로 지능형 로봇 서비스 시장은 2023년에 본격적으로 확산될 것으로 기대된다. 로봇 관련 사업을 하는 글로벌 업체들이 내년을 기점으로 대대적인 신규 모델을 출시하고, IPO(기업공개)를 통해 사업을 확장할 계획이기 때문이다.

보스턴다이내믹스의 경우 올해 초 CES 2022에서 정의선 현대차그룹 회장이 스팟과 함께 등장하면서 로봇 서비스 본격화를 발표했다. 현대차의 경우 2023년부터 제조 현장에 보스턴다이내믹스의 로봇을 투입해 상용화에 나선다는 계획이다. 보스턴다이내믹스의 물류 로봇 '스트레치'는 몇몇 물류 창고에 도입돼 본격적인 상용화 준비를 마친 상황이다.

2023년 IPO를 앞두고 있는 두산로보틱스의 경우, 인간의 작업을 도와주는 '협동로봇'이 핵심 비즈니스다. 이 회사는 CES 2022에서 사과를 수확하거나 드럼 연주를 도와주는 로봇을 시연한 바 있다. 또 최근에는 독일 뮌헨에서 개최된 오토메티카 2022에서 맥주로봇과 누들로봇 등 식음료 분야 로봇을 선보이기도 했다. 류정훈 두산로보틱스 대표는 "우리는 로봇을 기계로 보지 않고 사람의 노동력을 보완해 주는 존재라고 생각한다"라고 말했다.

이렇듯, 지금의 로봇은 기존 산업로봇과 달리 인간의 일상에 들어와 있다. 산업용 로봇이 공장 안에만 있었다면, 용산의 로봇개나 최근 등장하는 로봇 서비스들이 공장이라는 펜스를 넘어 인간과 똑같이 주어진 공간에서 함께 움직인다는 점이다. '로봇=기계'라는 경계가 허물어지고 있는 것이다.

로봇과 함께 하는 미래의 생활 모습은 어떨까. 아침에 일어나 로봇이 만들어 준 커피를 마시고, 학교나 직장에서 로봇을 통해 학습을 하거나 일을 함께 한다. 그리고 퇴근 후에는 집에 와서 로봇이 따라주는 맥주를 마시고, AI음성비서와 이야기를 나누고 음악 로봇과 함께 합주를 하는 여가 생활을 할 수도 있다.

다만 다양한 산업 분야 영역까지 확대되는 로봇의 도입이 불러올 일자리 감소에 대한 우려가 '로봇과 함께 하는 여유로운 일상'의 즐거운 상상을 방해한다. 로봇이 인간의 노동력을 가장 먼저 대체할 분야인 제조-유통-물류 분야는 기존 업무가 현장 인력에 의존하는 비중이 컸기에 일자리 감소가 현재진행형이다.

로봇과 함께 할 일상

한국은행 경제연구원 보고서에 따르면 근로자 1000명당 배정되는 로봇이 1대씩 늘어날 때마다 제조업 일자리는 2.9%,

단순반복 일자리는 2.8%만큼 줄어든다. 로봇 도입의 증가로 제조업 등에서의 노동 대체성은 지속적으로 늘어날 것으로 전망된다.

그렇다면 로봇이 인간의 일자리를 빼앗기만 하는 위험한 존재일까. 그렇게 볼 수만은 없다. 저출산 고령화 시대에 노동인구는 감소할 수 밖에 없다. 이러한 상황에서 로봇은 기업의 경영활동 지속을 위한 중요한 대체 노동력이고, 산재 위험이 높은 일터에 투입됨으로써 인간의 안전을 보장해 줄 수도 있다. 비용은 절감하고 업무 효율성은 높일 수 있다.

최대 과제는 로봇과 인간 노동력 간의 균형점을 찾아가는 일이다. 로봇이 노동시장에 혁신을 일으키고 있는 것은 시대의 흐름이다. 자연스러운 현상이란 것이다.

인간과 로봇의 공존 시대에 인간은 그에 걸맞는 새로운 일자리를 찾아야 한다. 당장의 단순 반복 일자리는 감소하겠지만, 로봇을 관리하고 유지하기 위한 일자리가 새롭게 창출되므로 전체 일자리에는 큰 변화가 없다는 연구 결과도 나왔다.

로봇을 활용하면서 손발은 편해질 수 있겠지만, 인간은 더욱 고도화된 직업 교육을 받아야 한다. 육체노동을 하는 노동자는 로봇이라는 경쟁자에 쫓기게 되고, 로봇을 다루기 위해 그에 맞는 지식 수준이 필요해지는 만큼 업무 능력을 키워야 한다. 결론적으로는 직업훈련의 확대와 재교육, 새로운 교육체제를 만드는 과정에서 로봇 등 미래 산업 관련 직종은 늘어나고 노동시장은 확대가 될 것이라는 주장도 나온다.

인간은 로봇으로 인해 더 편리한 삶을 살 수 있게 될 것이다. 그러나 근본적인 인간의 스트레스 지수는 어쩌면 더 높아지지 않을까. 로봇이 인간의 영역을 침범하면 할수록 인간의 역할은 줄어들 수 밖에 없지 않다.

우리는 로봇이라는 신기술로 유토피아를 꿈꾸는 한편, 신기술이 기존 사회 질서를 위협하는 디스토피아에도 경계심을 가져야 할 것이다.